Springer Wien New York

GLOBArt (Hrsg.)

EXPERIMENT [UND]

GLOBArt Academy 2012

SpringerWienNewYork

WIE ÜBERLEBEN IN DER WELT VON MORGEN?

In einer Welt der Krisen und Katastrophen, einer Welt von Umbrüchen, stellen sich immer mehr Menschen die Frage, wie wir leben wollen, und damit auch: in welcher Welt?

„Empört Euch!" heißt das ebenso zornige wie erfolgreiche Pamphlet des Franzosen Stéphane Hessel, in dem der ehemalige Widerstandskämpfer die Jugend auffordert, sich zu engagieren.

Wir von GLOBART gehen einen Schritt weiter.
Als THINK TANK haben wir zur 15. GLOBArt ACADEMY Visionäre eingeladen, Helden von morgen, die zeigen, wie und wo es weiter gehen kann.

Der Visionär John Cage war unser Vorbild.
Sein Credo lautete: Immer bei Null anfangen. Alle Fragen neu stellen.
Nichts vorher wissen. Er wollte Bewusstsein schaffen für alles was klingt. Aufmerksam machen auf die unzähligen Wunder, die jeden Tag überall wahrzunehmen sind: „Listen with the curiosity of a child". Er hat sich nicht nur für ein neue Art des Unterrichtens eingesetzt (Teilen statt Konkurrenz), sondern auch exemplarisch vorgelebt, welchen Unterschied es macht, einen Job nicht als Brotberuf zu machen, sondern aus innerer Überzeugung. Es geht ihm nicht um die Erledigung von Arbeit. Er versteht Erziehung als unaufhörliche conditio des gesamten menschlichen Lebens, für die es keinen Abschluss geben kann.

Was also braucht der globale Bürger von morgen? Welche Fragen muss er sich stellen? Wie wird er wohnen, wo Schutz finden? Wie wird er umgehen mit wertvollen Ressourcen wie Abfall, Energie und Wasser? Werden wir rechtzeitig lernen, langsamer, überlegter, vernetzter und damit verantwortlicher zu leben und nobel zu handeln?

Die vielen positiven Beispiele, die im Rahmen der GLOBArt Academy vorgestellt wurden, haben eines deutlich gemacht: Soziale Netzwerke und eine dichte Internetkultur sind eine einzigartige Chance. Die Zivilgesellschaft ist lebendig und selbstbewusst wie kaum jemals zuvor. Es liegt an uns, sich mit Gleichgesinnten zu vernetzen und Dinge anzupacken.

In diesem Sinne möge die Publikation Anregung und Mutmacher sein. Sie soll zeigen, wohin die Reise gehen kann.

Mein herzlicher Dank gilt allen, die zum Gelingen beigetragen und ihre Texte für die Publikation zur Verfügung gestellt haben.

Prof. Heidemarie Dobner
Generalsekretärin GLOBArt

DENKEXPERIMENTE

Wenn Krisen kommen, sucht man die Antwort oft in rein ökonomischen Lösungen. Das führt auch oft zu den gewünschten Antworten. Manchmal aber bieten sie nur Hilfe für einen Moment, ohne dass die Ursache näher untersucht wird. „Die Zukunft ist als Raum der Möglichkeiten der Raum unserer Freiheit", hat der deutsche Philosoph Karl Jaspers einmal formuliert. In diesem Sinne begrüße ich, dass sich die GLOBArt Academy 2012 einer Thematik zuwandte, in welcher dieser Freiheitsgedanke eine besondere Rolle spielt, nämlich: „Experiment und ..." Noch nie war die Welt so vernetzt wie heute. Noch nie hatte sie mit so globalen Problemen zu kämpfen, für die selbst jahrelang erprobte Lösungsansätze nicht ausreichen, um sie in den Griff zu bekommen. Ich denke nur an die Kluft zwischen den knappen Ressourcen und einer ständig im Wachstum begriffenen Weltbevölkerung. Es bedarf daher vermehrt unkonventioneller, die üblichen Schemata überschreitende Überlegungen. Wie sehr dabei auch Experimente ihren legitimen Platz haben, lässt sich in den hochkarätigen Vorträgen und Diskussionsrunden dieser Academy, die zum zweiten Mal im Kloster UND in Krems tagte, eindrucksvoll nachlesen.

Als Landeshauptmann von Niederösterreich danke ich GLOBArt für das seit Jahren bewiesene Engagement, sich immer wieder umfassend und kritisch mit grundlegenden gesellschaftlichen Fragen auseinander zu setzen und damit einen wesentlichen Beitrag für eine positive Bewältigung der Zukunft zu leisten.

Dr. Erwin Pröll

Landeshauptmann von Niederösterreich

DENKEXPERIMENTE

Wenn Krisen kommen, sucht man die Antworten in den ökonomischen Lösungen. Das führt auch oft zu den gewünschten Antworten. Manchmal aber

UNKONVENTIONELLE WEGE BESCHREITEN

Den Anforderungen der Zukunft gewachsen zu sein bedeutet oft, sich auf Unbekanntes einzulassen. „Wer Großes versucht, ist bewundernswert, auch wenn er fällt“, konstatierte schon Seneca. Unkonventionelle Wege zu beschreiten, ist wesentlich, wenn es darum geht, Entwicklungen zu ermöglichen und voranzutreiben.

Unter dem Motto „Experiment und ...“ fand die GLOBArt Academy 2012 zum zweiten Mal im Kloster Und in Krems-Stein statt. John Cage, seine Persönlichkeit und sein Schaffen, war zentrales Thema dieses Symposiums. John Cage war der Prototyp eines Experimentators. Mit seiner Musik und seinem Denken hat er bisherige Grenzen überschritten und damit Anstoß für Neues gegeben. Nichts ließ er ungefragt, immer wieder probierte er aus und setzte zu unkonventionellen Schritten an. Mit seinem von Neugier geprägten Handeln beeinflusst er die Moderne bis heute.

Die GLOBArt Academy 2012 lud Persönlichkeiten aus Wissenschaft, Wirtschaft, Kunst und Kultur dazu ein, bewusst unkonventionell zu denken und forderte zum Diskurs über die jüngsten Entwicklungen auf, die aus Experimenten entstanden sind und unsere Zukunft wesentlich mitprägen werden.

Den Verantwortlichen der GLOBArt Academy danke ich, dass sie wiederum gesellschaftlich relevante Themen in den Mittelpunkt ihres Symposions gestellt und die Ergebnisse in dieser Publikation zusammengefasst haben. Allen Interessierten wünsche ich viel Freude mit den vorliegenden Anregungen!

Dr. Claudia Schmied
Bundesministerin für Unterricht, Kunst und Kultur

Inhalt

EXPERIMENT UND ...

UND, NA UND ?

TRENNT UND VERBINDET WAS VERBINDET UND TRENNT – WAS ZUSAMMEN GEHÖRT UND ABSTAND HÄLT – WAS SICH LIEBT UND VERABSCHEUT – WAS WIRKLICHKEIT UND KUNST IST – UND IST WAS ES IST UND IST WAS ES GEWESEN UND SEIN WIRD – ZWISCHENRAUM –WORT ZWISCHEN NICHTS UND ETWAS – SEIN UND NICHTSEIN – OHNE EIGENE BEDEUTUNG – BINDEGLIED – KONJUNKTION – MÖRTEL – NEBENGORDNET – EIN NICHTS IN DER HIERARCHIE DER WORTE – EIN SCHLUCKWORT DES ZÖGERNS – EIN RITERTANDO DES NICHT WISSENS – DES STOCKENS – DES VERHARRENS – EIN GRENZPFEIL ZWISCHEN WEISHEIT UND TO – HEIT – NARRENTUM UND PHILOSOPHIE – EIN KLEINES NICHTS DAS WIR STÄNDIG GEBRAUCHEN OHNE EINEN GEDANKEN DARAN – TANZMEISTER DER ANEINANDERREIHUNG – ÖFFNUNG IM FLUSS DER REDE – WORTCHAMÄLEON – DU UND ICH – SPRACHE – ATMEN – RHYTHMUS – SINN UND BEDEUTUNG – LEBEN UND TOD, UND? UND! UND: UND, UNDUNDUNDUN(D)ENDLICHKEIT ...

Hans Hoffer
Inszenierungskonzept Academy 2012

LAUDATIO

Gehalten von ANDREA ECKERT und AIRAN BERG
Text: MARTINA WINKEL

he: As if ...

she: Als ob?

he: „Was wäre wenn."

she: So tun als ob.

he: Pretend?
No.
Without pretensions.

she: Und doch so tun als ob.
Im Spiel.
In der Vorstellung.

he: Welche Vorstellung, welche Rolle?

she: Kein Theater.
Nicht diese Art von Spiel.
Nicht darstellen, sondern sich etwas vorstellen.
Stelle dir eine exemplarische Situation vor.

he: Imagine for example –

she: Wirklichkeitsmodelle. Welt spielen.

he: Imaginations of possible realities.

she: Möglichkeitswelten.

he: Playing games of imagined reality or the real world?
If it's the world today, the game is called: Monopoly.

she: Anti-Monopoly.

he: Imagine the irony, that the original Monopoly, developed by an American woman, a teacher, was invented to show that the growing wealth of one person means loss and poverty for the rest of the participants.
Believing in social visions, she provided, as additional rule for the game, a tax system which leads to a more even spreading of possession and wealth. But – as we all know – the competitive version without taxation rule was more successful, turning the inventor's idealistic aims into their opposite.

she: Die Pervertierung der Originalidee. Die Umkehrung utopisch: dass – ein Beispiel – World of Warcraft zu einem antimilitaristischen Spiel mutiert. Und Erfolg hat. Die Erfolgsmodelle der klassischen Spiele: im Grunde nichts anderes als bis zur Abstraktion verfeinerte Strategien des Kampfes. „Schech mati": Der König ist tot. Tod dem König. Schach matt. Mit allen Bauernopfern.

he: Collateral damage.

she: Kanonenfutter. Zivile Opfer. Oder auch nur Globalisierungsverlierer. Das Spielbrett ein Abbild nicht nur vergangener Politik? Natürlich brutalisiert Schach nicht das Denken. Natürlich erzieht ein banaleres Brettspiel wie ‚Mensch ärgere dich nicht' eher selten dazu, Mitmenschen aus dem Weg zu räumen. Natürlich trainiert das eine Spiel vorausplanendes Denken innerhalb eines Regelsystems, während das andere bloß dem Würfelglück folgt.
Das eine fordert Entscheidungen, das andere fördert Fatalismus. Natürlich machen Egoshooter-Spiele Jugendliche nicht linear zu Massenmördern, und ebenso natürlich wurden sie als Reaktionstraining für Soldaten modifiziert und eingesetzt, und natürlich führt das alles zu weit.

he: Back to Chess and Pachisi then: One is for fun, while the other game's aim is to train, simply put, moreover since these two aspects of playing games don't exclude each other, but are both part of the game. As is: to win and to lose. Between these two poles the excitement of a game is built up.
Don't we enjoy a game because we strive to be the winner and try to avoid to be the loser?
Even if it's just a virtual gain or loss?
Is not this tension the energy that drives a game?

she: Wer definiert Gewinn und Verlust? Wir sprechen nicht von einem Kartenspiel um Geld. Es ist nicht vom Glücksspiel die Rede, Rouge ou Noir. Es dreht sich nicht um ein sportliches Spiel mit Wettkampfcharakter, auch wenn oft gesagt wird, der Agon sei eine Triebkraft des Menschen.

Wie also definiert sich Gewinn und Verlust?
Sieg und Niederlage?
Und muss es immer so sein, dass der Gewinn des Einen der Verlust des Anderen ist, der Sieg einer Gruppe die Niederlage der anderen? Geht es nicht um eine fundamentale Änderung der Spielregel? Und des Spielverhaltens?

he: By changing the rules changing the attitude as well as the actions.
Or by changing the attitude changing the rules?
In playing games as well as in reality?
"As if" is more than just a playful imagination.

she: Die Welt als Spielvorlage, komplexer als ein Spiel mit vorgegebenen Regeln. Die Welt, die der Ernstfall ist, abgebildet in einem Spielmodell mit mehreren Ebenen, das Strategien verlangt über die eingeübten Denk- und Verhaltensmuster hinaus.
Wo sich die Fragen nach Sieg und Niederlage, Gewinn und Verlust nicht eindimensional beantworten lassen, ja nicht einmal die Kernfrage sind, sondern wo die Entscheidungen so interdependent sind, ganz wie in der realen Welt, dass sie nur kooperativ einer möglichen Lösung zugeführt werden können, wie es in der realen Welt oft scheitert.

he: A game of the world which gives the players the chance to fail and err, replay and try again to find a way out of a seemingly unsolvable situation by developing original unusual ways of approaching the given problem, transcending what we would call "rules" of thought, action and reactions.

she: In einem scheinbar kindlichen, „Als ob" des Spiels die Spielregeln und Verhaltensmuster aufbrechen, die oft nur ein anderer Name sind für Vorurteile, Gewohnheitsdenken, Mangel an Phantasie. Das ist das Spiel der Spiele, welthaltig, zukunftsträchtig, real und doch fiktiv, und: es lässt sich nur gemeinsam „gewinnen", (um diesen irrelevanten Terminus doch zu verwenden), denn es geht um das gemeinsame Überleben in einer bedrohlichen Situation in einer bedrohten Welt.

he: It is a game for children, for young people, without being a children's play. And what they play is actually in the very sense of the world a democratic play of the res publica: them being "the people", their agenda being a question of general "public" interest and of importance to the communities in question of the specific setting of the game, including not just the human society but the environment as well, dealing with all the burning questions of a future existence on and of this planet and its inhabitants.

she: In diesem Spiel die Kinder ernst zu nehmen und ihnen nicht nur Lösungskompetenz zuzutrauen, sondern die spezifische Qualität ihrer Ansätze und Vorschläge zu erkennen und zu bestätigen, ist ein wichtiges Element ihrer Bewusstseinsbildung. Nicht nur der physische Körper ist trainierbar, nicht nur das Gehirn.

he: Not just the body, not just the brain – the mind …

she: Das schwer definierbare Bewusstsein und die Gesamtheit der Emotionen, beides mehr als bloß neural bestimmte Abläufe, werden angeregt, entwickelt und befähigt. Das Spiel ist ein Erfahrungsraum.

he: A space of experience and of experiment, a space of learning.

she: Lernen im Spiel.

he: Learning by virtual doing.

she: Lernen als Vorgang einer gemeinsamen Aktivität.

he: To learn how to facilitate collaboration and collective actions.

she: Das Problem des Anderen zu sehen und zu verstehen lernen.

he: To realize the other side, reasons, implications of the problem.

she: Ein Perspektivenwechsel, ein veränderter Blickpunkt …

he: … may change the approach in search for a solution.

she: Die Virtualität des Spiels ermöglicht …

he: … to develop creativity.

she: Temporäres Scheitern muss nicht entmutigen …

he: … but sparks inventiveness and perseverance.

she: Analysefähigkeit

he: is enhanced as well as …

she: Engagement

he: and Empathy.

she: Mitgefühl als eine Triebkraft, verantwortlich zu handeln.

he: Compassion as a force of what? the soul? that triggers participation and involvement …

she: Verständnis und Respekt.

he: Respect and trust. And here we finally arrive at the inventor and creator of this game, a teacher not of pupils and students only, but a teacher of teachers and of us all. Because he does not teach ex cathedra but through his trust in the ability of children to work out complex answers to questions difficult for adults too, he offers them to experience a process of self-empowerment and deeper understanding.

she: Im Lernprozess des Spielens entsteht Selbstwertgefühl und Selbstermächtigung. Zutrauen in die eigene Handlungsfähigkeit. John Hunter, der dieses WorldPeace Game, ein Spiel, das einlädt, notwendige Utopien anzustreben, erfunden hat, ist ein Lehrer mit Vertrauen in die Lernbegeisterung von Kindern, wenn man sie auf der Suche ihres Weges unterstützt. Ein Lehrer nicht der schnellen Antworten, sondern der langwierigen Prozesse von Try and Error. Ein Lehrer, der auch selber immer weiter aus der Erfahrung lernt. Einer, der nicht Vorgefertigtes erwartet, sondern der sich vom Ungewöhnlichen und Ungewohnten überraschen lässt. Der Freude und des Staunens fähig über neue Findungen. Einer, der Mensch Sein möglich macht.

he: Learning Humanity.

she: Nicht bloß „als ob“, im Spiel.

he: For real.

TEACHING FOR TOMORROW

von John Hunter

Ich bin Lehrer in der 4. Schulstufe in den USA und unterrichte Neunjährige und Zehnjährige in einer kleinen Schule in den Ausläufern der Blue Ridge Mountains in Virginia, im Südosten der USA, das ist circa zweieinhalb Stunden von Washington DC entfernt. Ich habe viele Jahre lang in aller Ruhe in meinem Klassenzimmer unterrichtet, wie alle meine Kollegen. Mir ist klar, dass wir beim Unterrichten und bei allem, was wir im Klassenzimmer machen, auf den Schultern anderer stehen. Andere Menschen haben uns ermöglicht, hier zu sein, haben Opfer gebracht und Anstrengungen unternommen. Ich erwähne diese Menschen jedes Mal. Ich glaube, es gibt keinen wirklichen Self-Made Man. Jeder hat Menschen um sich, die ihn unterstützen.

In meinem Falle hat sich das im Dokumentarfilm „World Peace and Other Fourth-Grade Achievements" ausgedrückt, der in Charlottesville, Virginia, von einem jungen Filmemacher gemacht wurde. Er war ein unabhängiger Filmemacher, das bedeutet, er hatte kein Geld und schlug mir vor, einen Film zu machen. Ich, ein kleiner Volksschullehrer, sagte ja. So begannen wir ohne irgendwelche Geldmittel einen Film zu machen. Der Film behandelt diese geopolitische Simulation, die sich „World Peace Game" nennt. Wir wollten uns den Film mit unseren Freunden in seinem Wohnzimmer ansehen und dachten, es wäre ein kleiner Erfolg, wenn er ihnen gefiele. Mittlerweile ist der Film um die Welt gegangen. Es freut mich, dass er in Europa gute Resonanz gefunden hat. Auf dem Bergen Filmfestival bekam er den Publikumshauptpreis. Ich war überwältigt. Es ist ein Film über Lehrer und Pädagogik. Normalerweise braucht es Verfolgungsjagden und Explosionen, damit ein Film gut ankommt – das hatten wir alles nicht! Und trotzdem war er ein großer Erfolg. Ich stehe daher tief in der Schuld von Chris Farina, einem Visionär und Künstler. Kunst und Pädagogik sind eine großartige Kombination.

Ich bin auch dem Martin Institute for Teaching Excellence in Memphis, Tennessee, sehr verpflichtet, besonders Jamie Baker und Brad Martin von der Presbyterianischen Schule. Sie haben uns eine Partnerschaft um das World Peace Game angeboten, um das, was ich tue, in die Welt hinaustragen zu können. Auch das ist ein Grund, warum ich heute hier sein kann.

Ich möchte mich in diesem Sinne bei diesen Personen bedanken und noch einmal klar machen, dass ich auf den Schultern so vieler stehe und nicht allein hier bin.

Das World Peace Game wurde von meinem Vorredner so schön erklärt – ich verstehe jetzt mehr davon als vorher – und ich beschäftige mich seit 34 Jahren damit! Alles begann mit meinem ersten Job. Ich ging zum Vorstellungsgespräch und ich fand, es lief gut. Am Ende sagte die Direktorin zu mir: „Sie werden begabte

Kinder in der Volksschule und in der Sekundarstufe unterrichten." Ich fragte: „Was muss ich da tun?", ich dachte, sie würde mir ein Handbuch mitgeben. Aber sie tat etwas Schockierendes, das alles prägte, was ich die folgenden 30 Jahre tat. Statt mir zu sagen, was ich tun sollte, fragte sie mich: „Was wollen Sie machen?" Welch bessere Frage hätte man einem jungen, idealistischen, feurigen Lehrer stellen können? Aus dieser Begeisterung heraus und auf diesem weiten Feld der Möglichkeiten ohne Vorschrift, in dem ich etwas schaffen sollte, ist das World Peace Game entstanden. Eine der Hauptkomponenten ist dieses breite noch leere Feld, der Raum, der den Kindern gegeben wird, um ihre eigenen Lösungen zu schaffen. Ich muss nicht predigen, ich muss kaum lehren. Ich habe einfach eine große Struktur, eine Metastruktur entwickelt, innerhalb derer die Kinder selbst bestimmen können, was richtig und gut ist. Ich muss ihnen kein Mitgefühl und keine Güte beibringen. Ich würde zwar gerne, aber die Lehrperson ist die Struktur, und sie unterrichten sich selbst durch Versuch und Irrtum und durch Learning by Doing, indem sie tun, was am besten ist – nicht nur für sie selbst, sondern für alle.

Das World Peace Game hat zwei Ziele: Jedes einzelne der 50 zusammenhängenden globalen Probleme muss gelöst werden, damit das Spiel gewonnen wird. Die Probleme umfassen ethnische, religiöse und Minderheitenrechte, Vertriebene und Flüchtlinge, Verschmutzung durch chemische und atomare Abfälle, Wasserknappheit, Konflikte um landwirtschaftliche Flächen, Wüstenbildung, sich abspaltende Republiken, Verschmutzung durch fossile Brennstoffe, natürlich Klimawandel, bedrohte Arten. Alles, was ich mir vorstellen konnte, dass es auf der Welt gibt, habe ich in dieses Spiel eingebaut. Viele fragen, ob man es Kindern nicht leicht machen sollte und ihnen zum Beispiel nur zwei Probleme gleichzeitig zum Lösen geben sollte. Ich glaube aber, das Gegenteil ist der Fall. Ich glaube an ihre Kreativität, Spontaneität und tiefe Weisheit – wir sollten ihnen alles geben, was wir können. Die Probleme sind daher sehr komplex. Ich kann sie nicht lösen. Ich habe ein Spiel erfunden, das ich selbst nicht gewinnen kann. Ich vertraue auf das kollektive Wissen der Kinder, einen Weg zu finden. Und seit über 30 Jahren haben sie die Welt wieder und wieder gerettet. Sie haben einen unbesiegbaren Willen Gutes zu tun. Sie wollen sich einfach nicht damit zufrieden geben, etwas Böses zu tun und jemanden auszuschließen. Der Film hat uns noch mehr Hoffnung gegeben, denn er wurde mittlerweile in den Vereinten Nationen gezeigt. Chris Farina, Jamie Baker und ich wurden eingeladen, den Film dort zu zeigen und die Menschen dort haben den Film wirklich verstanden. Es geht nicht ums Kriegführen. Es geht darum, die schwierigsten Dinge durchzumachen und auf der anderen Seite herauszukommen.

Ich habe den Film in Kalifornien gezeigt und eine Dame kam auf mich zu und sagte: „Mr. Hunter, wir würden Sie gerne sehen. Auf ihrer Visitenkarte stand „Verteidigungsministerium Pentagon". Meine Antwort war: „Ich werde mir mit

Sicherheit Zeit nehmen." Es handelte sich um Beth Flores, Expertin für Politik im Pentagon. Es stellte sich heraus, dass der Film mehrere Male im Pentagon gezeigt worden war. Wir verwenden Sun Tsus „Die Kunst des Krieges" als Hilfsmittel. Unsere Neunjährigen lesen es, um zu verstehen, wie man Probleme löst, bevor sie größer werden oder wie man Probleme überhaupt vermeiden kann. Chris und ich sind also der Einladung in das Pentagon nachgekommen und hatten eine unglaublich tiefgreifende Diskussion mit Generälen, Politikexperten, die im Grunde sagten: „Wir wollen das viele Kriegführen vermeiden. Können Sie uns helfen, darüber nachzudenken?" Stellen Sie sich vor, ich bin Volksschullehrer! Die fragen einen Volksschullehrer, ob er ihnen helfen kann, darüber nachzudenken? Ich sagte: „Ich bin mir nicht sicher, ob ich weise genug dafür bin. Sie haben hier all diese klugen Leute." – und fuhr nach Hause. Eine Woche später bekam ich einen Anruf und man fragte mich, ob ich meine Schüler in das Pentagon bringen könne. „Wir möchten mit ihnen darüber reden, wie sie Frieden stiften und all diese komplexen Probleme lösen." Am 20. März stiegen 20 meiner Schüler in einen Bus nach Nordvirginia, wir gingen durch mehrere Sicherheitsstufen – in Anzügen und mit Namensschildern, wir sahen wirklich gut aus. Wir besprachen Politik mit Generälen, Politikexperten und dem Verteidigungsminister Leon Panetta selbst. Er gab den Schülern eine halbe Stunde seiner Zeit – nicht für einen Fototermin, sondern um Politik zu besprechen. Er fragte die Kinder, wie sie mit dem Klimawandel umgingen und sagte, was das Pentagon dagegen tut. Wie geht Ihr mit Aufständen und Angriffen um? Und die Kinder wussten das, denn sie mussten im World Peace Game damit umgehen. Es hat ihnen so gut gefallen, die Kinder waren Kinder, sie sind herumgehüpft und haben Fragen beantwortet. Aber können Sie sich vorstellen, was das für einen Einfluss nicht nur auf die Kinder hatte, sondern auch auf hochrangige Militärs? Das ist uns passiert, und ich bin ein Lehrer in einer Kleinstadt. Ich sage meinen Kollegen daher auch immer: „Seid bereit, alles kann passieren!"

Ich möchte heute Abend über "Teaching for Tomorrow" sprechen. Teaching for Tomorrow – das ist eine nahezu unmögliche Aufgabe. Wie soll man als Lehrer seine Schüler auf etwas vorbereiten, was ihnen in 10, 20, 30 Jahren passieren wird? Man kann nicht wissen, wie es sein wird und man wird nicht dabei sein. Wir haben aber die Aufgabe, sie darauf vorzubereiten. Ich habe sehr früh herausgefunden, dass das Vermitteln von Inhalten, wie das früher geschehen ist, nicht mehr sehr gut funktioniert. Für Traditionen, Geschichte etc. hat es sicher seine Berechtigung, aber für zukünftige Dinge sind uns hier Grenzen der Nützlichkeit gesetzt. Wir müssen uns also irgendwie überlegen, wie wir Kindern Dinge beibringen, die es nicht gibt und von denen wir nicht wissen, dass sie kommen. Ich gebe ihnen daher einen mentalen Werkzeugkoffer mit.

Das erste Werkzeug ist Selbstreflexion, sich selbst zu kennen. Dafür musste ich selbst üben, meine eigenen Praktiken und Verhalten überdenken, bevor ich damit beginnen konnte, dies zu lehren. Welche Vorbelastung, Vorurteile, Grundhaltungen bringe ich selbst mit? Ich bin mir derer vielleicht gar nicht bewusst, aber sie hindern die Schüler am Lernen. Ich muss das also häufig üben und ich scheitere oft. Es muss aber getan werden und ich bitte die Schüler, dasselbe zu tun. Wir bitten sie auch, die eigenen Resultate zu bewerten. Das ist zumindest in den USA zur Zeit besonders wichtig: Wie können wir herausfinden, ob wir gelernt haben, was wir lernen mussten? Wir sind uns nicht mehr sicher, dass uns Tests die Ergebnisse liefern, die wir brauchen. Ich folge daher der Richtlinie meines guten Freundes und Pädagogen Jay McTighe, der sagt, dass ein Test nur eine Momentaufnahme des Verständnisses des Schülers ist. Wir brauchen aber das gesamte Fotoalbum – bewertet nicht nur vor uns Lehrern sondern auch von den Schülern. Lassen wir die Schüler selbst beurteilen, sodass sie bei jedem Schritt des Weges sehen, wie weit sie sind und was ihr Fortschritt ist. So können sie am Ende von der Note nicht schockiert sein, denn sie haben sich die ganze Zeit selbst gemessen und eingeschätzt, gemeinsam mit dem Lehrer. Wir nennen das "Self-Evident Assessment".

Die Schüler entwickeln das Messsystem, anhand dessen sie gemessen werden, gemeinsam mit mir. Ein kurzes Beispiel: Wir haben eine sogenannte "Thinking Map", auf der die Schüler selbst mittels eines kleinen Symbols eintragen können, welche Phasen sie in ihrem Kopf durchgemacht haben, als sie die Lösung entwickelt haben. Heraus kommen wunderbar gezeichnete kleine „Landkarten". Für verschiedene Projekte machen wir das 30, 40 Mal im Jahr. Am Ende des Jahres haben die Schüler eine wunderbare Enzyklopädie ihres Nachdenkprozesses, einen Spiegel, wir ihr Geist funktioniert. Und sie beginnen sich mit den Mitschülern darüber zu unterhalten und zu vergleichen.

Ein weiteres Werkzeug nenne ich das "Cultural Nuance Chart". Wenn man jemanden einlädt, sagt einem dieses Chart zum Beispiel, wie weit Menschen in dessen Kultur voneinander entfernt stehen, wenn sie einander treffen. Soll ich in die Augen sehen oder nicht? Spielt das Geschlecht eine Rolle, wenn man sich zum ersten Mal trifft? Wie begrüßt man sich richtig? Wer sind drei oder vier Persönlichkeiten in der Kultur, die diese antreiben, ihre Ideale? Wie ist die Familienhierarchie? Ist die Großmutter die treibende Kraft hinter den Kulissen oder der Cousin, der gut Englisch spricht, wenn das niemand sonst in der Familie tut? Wenn man auf eine offene Art und Weise fragt, mit anderen spricht und sie einlädt, dieses Verständnis zu teilen, kann man mit Eltern in Schulen und mit eigentlich jedem wesentlich besser in Kontakt treten. Einmal stand ich im Gang meiner Schule und ein älterer Mann rannte nahezu auf mich zu. Er dachte, ich sei ein wirklicher Fan seines Enkelsohnes. Er nahm meine Hand und sagte, er wolle mit mir sprechen. Er kommt aus einer Kultur, bei der Knoblauch ein wichtiger Bestandteil des Essens ist. Man steht auch sehr nahe bei seinem Gesprächspartner. Weil ich das Cultural Nuance Chart hatte, wusste ich, dass ich genau dort stehen bleiben und den Knoblauch aushalten musste. Da standen wir also, zwei Männer am Gang, die Hände hielten. Er meinte, wir sollten zum Direktor gehen und ihm die guten Nachrichten über die guten Noten seines Enkelsohnes bringen, und wir drehten uns und gingen Hand in Hand zu dessen Büro. Ohne Verständnis hätte ich mich vielleicht gefürchtet, das Verständnis machte diese Erfahrung möglich. Mit diesem Cultural Nuance Chart kann man also ohne Konfrontation, durch das freundliche Fragen um Verständnis, die Kultur des Gegenübers verstehen. Bei Schulen, die ich besuche, haben viele Lehrer eine Art Spickzettel, der sie erinnert, wenn es sich beispielsweise um eine koreanische Familie handelt, um zu fragen: „Erzählen Sie mir von Ihrem ältesten Sohn!", weil das für sie etwas Gutes ist. Auf dem Chart steht auch das Gegenteil: Was man nicht fragen und worüber man nicht sprechen soll.

Das dritte Werkzeug, das ich teilen möchte, um ein guter Lehrer zu sein, ist ein visionärer, selbstbewusster, vertrauensvoller Führungsstil. Wir kritisieren unsere Führungspersönlichkeiten oft und haben nicht viel Geduld mit ihnen, wenn sie nicht schnell Resultate liefern. In meiner Schule gibt es eine Direktorin, die aussieht wie ein Model und ein Engel ist. Jedes Mal in der Hälfte des Schuljahres hält sie eine Sitzung mit allen Lehrern, um sich die Halbjahresnoten anzusehen und zu sehen, wo man steht. Die Halbjahresnoten sind normalerweise nicht so gut. Wir sehen uns all die Noten an und haben ein bisschen Angst, weil sie nicht so gut sind. Dann steht sie auf und sagt: „Ich mache mir keine Sorgen um Euch. Ich mache mir keine Sorgen um die Kinder. Ich kenne Euch. Ich vertraue Euch. Ich habe jeden einzelnen von Euch für diesen Job ausgesucht. Wir stehen das gemeinsam durch. Ich glaube an Euch. Also tut, was Ihr könnt, tut, was Ihr tun müsst und helft diesen Kindern, da durchzukommen." Am Ende jedes Schuljahres sind die Noten top. Sie unterstützt uns und versteht, dass eine Führungspersönlichkeit in Wahrheit ein Diener ist.

Als Führungsperson hat man eine größere Verantwortung zu dienen als jeder andere. Man muss ein Vorbild sein und manchmal vorne stehen, manchmal an der Seite, manchmal hinten. Manchmal muss man die Macht abgeben, aber eine Führungspersönlichkeit, ein Lehrer oder etwas Ähnliches zu sein ist edel, und man muss dienen. Mit dieser Einstellung wird man eine ganz andere Sichtweise des Lehrens an einer Schule gewinnen. Die Chefin meiner Chefin ist High-tech: Sie twittert, sie bloggt, sie ist auf Facebook, sie ist mit jedem im Cyperspace immer in Kontakt. Sie kommt aber auch mit ihrem Smartphone in die Schule, zeigt darauf Fotos von verschiedenen Klassenzimmern, in denen sie war und zeigt Innovationen, die sie dort gesehen hat. Sie macht Fotos von weiteren Innovationen, die sie sieht und zeigt diese im gesamten Bezirk her. Sie ist wie die amerikanische Figur "Johnny Appleseed", die hier und dort Apfelkerne ausstreut. Sie verbreitet Innovationen, wo immer sie welche sieht. Es ist bemerkenswert, eine Vorgesetzte zu haben, die nicht nur vorbeikommt, um einen zu unterstützen, sondern die

Arbeit auch fördert, indem sie einem bessere Beispiele und bessere Werkzeuge bereitstellt, mit denen man arbeiten kann. Es gibt aber auch noch andere Menschen, die man in puncto Führungspersönlichkeiten nicht vergessen darf. Auf dem College fragte uns einst ein Lehrer, wer denn die wichtigsten Personen in der Schule seien. Wir probierten der Reihe nach vom Direktor über die anderen Lehrer, die Assistenten durch. Er aber meinte, wenn man an einer Schule beginnt, muss man freundlich und respektvoll gegenüber SekretärInnen, KöchInnen, BusfahrerInnen, KrankenbetreuerInnen, SchulwartInnen etc. sein und in einem freundschaftlichen Verhältnis mit ihnen stehen, denn der Lebensunterhalt hängt von den Beziehungen ab, die man mit ihnen pflegt. Jeder in einer Institution muss in die Dynamik miteinbezogen sein.

Schließlich möchte ich noch ein paar kurze Geschichten erzählen, die "Teaching for Tomorrow" illustrieren sollen. Geschichten schälen sich im Laufe der Zeit wie eine Zwiebel. Sie vergessen vielleicht, was ich heute gesagt habe, wer ich bin oder diese gesamte Veranstaltung, aber die Geschichten bleiben und erhalten im Laufe der Zeit einen tieferen Sinn. Sie können auch ihre Bedeutung verändern. Vor ein paar Monaten hielt ich einen Vortrag an meiner Heimatuniversität und ein älterer Mann stand hinten im Raum. Er hob die Hand und fragte: „Mr. Hunter, können Sie sich an mich erinnern?" Ich sagte: „Nein, ich glaube nicht." Er sagte: „Ich bin Terry, ich war in Ihrer ersten World Peace Game Klasse 1978." Er sprach leidenschaftlich über seine Erfahrungen mit dem World Peace Game. Wir haben auch über Social Media Feedback von anderen ehemaligen Schülern erhalten, aber sein Statement war unglaublich. Er ging nach Hause und skypte mit mir und sagte: „Vor 34 Jahren machten Sie eine Bemerkung und eine Geste dazu, das hat mich so beeindruckt, dass ich beruflich nach Washington ging, um zu Themen der Bildungsreform zu arbeiten." Er öffnete die Tür und seine Tochter, eine schöne junge Frau, kam herein. Er sagte, sie sei in ihrem Beruf auch erfolgreich, weil er ihr diese Geste beigebracht hatte. Und er hatte auch seinem Enkelsohn, einem Jungen von 4 oder 5 Jahren, diese Geste beigebracht. Es traf mich wie ein Blitz, dass diese Geste und diese Bemerkung vor Jahrzehnten, an die ich mich gar nicht erinnerte, solchen Eindruck hinterlassen hatten und nun über Jahrzehnte und Generationen weitergegeben worden waren. Ich erschauderte darüber, wie aufmerksam man die ganze Zeit sein muss. Ich versuche, mir jeden Moment dessen bewusst zu sein, wie verantwortungsvoll ich sein muss. Selbstreflexion hilft, es ist das einzige was man tun kann. Aber es ist so wichtig, dass man sich dessen bewusst ist. Das kann in jedem Beruf passieren.

In meiner letzten Geschichte geht es um die Zukunft, auf die man sich nicht richtig vorbereiten kann. Ich unterrichtete in Maryland Zwölf- bis Vierzehnjährige und alles lief bestens. Ich hatte eine Klasse, die ein literarisches Magazin machen sollte. Es war April, am Ende des Schuljahres sollten sie fertig sein. Sie hatten also nicht mehr viel Zeit. Sie hatten sehr hart an dem Magazin gearbeitet und es war witzig, ich hatte darüber gesehen und gefunden, es war in Ordnung. Aber sie hatten es der Direktorin noch nicht vorgelegt und es gab nicht wirklich Zeit, es umzukrempeln, wir mussten ein OK bekommen. An einem Donnerstagnachmittag wurde es ihr vorgelegt. Bevor die Schüler um 15:00 bzw. 15:30 Uhr an diesem Tag nach Hause gehen mussten, kam ein Schreiben aus der Direktion, das besagte, das Magazin sei furchtbar und könnte so auf keinen Fall veröffentlicht werden. Die Direktion sei peinlich berührt und empört, dass Anspielungen und Slangausdrücke vorkämen. Sie meinte, das Magazin werde niemals an die Öffentlichkeit gelangen und sie werde es wegwerfen. Das war sehr bösartig.

Die Kinder gingen an diesem Tag gebrochen nach Hause. Am nächsten Morgen sperrte ich das Klassenzimmer auf, ging hinein und hörte am Gang ein Getöse. Spinde wurden zugeknallt, Bücher zu Boden geworfen, begleitet von Geschrei. Als ich zur Tür hinaussah, sah ich eine aufgebrachte Horde von Schülern auf die Direktion zumarschieren. Die meisten von ihnen waren meine Schüler, die die Zeitschrift produziert hatten. Und man weiß, was dann passieren wird: Suspendierungen und Schulverweise, nicht schön. Ich war ein ziemlich junger Lehrer. Ich wusste nicht, was ich tun sollte, aber ich musste etwas tun. Ich ging hinaus auf den Gang und benutzte das eine Werkzeug, das ich als Lehrer habe: Meine Beziehung zu ihnen. Ich sprach den Anführer an, zu dem ich eine sehr gute Beziehung hatte, und fragte ihn: „Wo geht Ihr hin? Was ist los?" und er sagte: „Wir gehen zur Direktorin! Wir werden das klarstellen, das kann nicht so stehenbleiben!" Der Wut eines 13-jährigen voller Testosteron will man nicht häufig ausgesetzt sein. Ich sagte: „Ich kann Euch nicht wirklich aufhalten, Ihr seid zu viele. Aber kommt einen Moment herein, ich zeige Euch etwas über dieses Magazin, das vielleicht hilft." Und sie glaubten mir, ich weiß nicht, warum. Sie kamen herein und ich tat etwas Unerlaubtes: Ich versperrte die Tür hinter ihnen und stellte mich davor. Ich sagte. „Wir reden jetzt darüber." Sie schrien und tobten und warfen mit Büchern um sich und es dauerte circa eine Stunde, aber wir gelangten zu einer Lösung. Wir verfassten einen höflichen Brief an die Direktion, der unsere Betroffenheit über ihre Entscheidung zum Ausdruck brachte und in dem wir sie baten, die Sache noch einmal zu überdenken. Dann entließ ich die Schüler in ihre Schulstunden.

Wenn man die Schüler in dieser Art Schule eine Stunde zu spät entlässt, bringt das den gesamten Stundenplan durcheinander. Sie gingen also in ihre Schulstunden und bekamen Probleme: Einige wurden suspendiert, und ich wurde in die Direktion gerufen. Dort sagte man mir, mein Vertrag würde beendet und ich würde hier nicht mehr als Lehrer arbeiten. Wenn man es verhindern könne, würde ich in diesem Bundesstaat überhaupt nicht mehr als Lehrer arbeiten. Ich war zerstört und sprachlos. Ich ging nach Hause zu meiner Frau und unserem kleinen Kind und versuchte zu erklären, dass es so aussah, als würde ich diese Laufbahn beenden müssen. Ich hatte etwas getan, das für mich richtig gewesen war, aber es hatte nicht funktioniert. Zum Glück herrschte gerade Lehrermangel und man musste mich bis zum Sommer, der nur ein Monat entfernt war, behalten. Über den Sommer suchte ich einen neuen Job. Ich war von der Sache so mitgenommen, dass ich mich um einen Job in einem anderen Bundesland bemühte, zog in den Nachbarstaat Virginia und unterrichtete dort still und leise in der Primarstufe.

Eines Tages bekam ich einen Anruf von der University of Maryland. Das war die Universität des Bundesstaates, den ich verlassen hatte, ich hatte mit ihr eigentlich nichts zu tun. Der Anrufer sagte, ich hätte einen Preis gewonnen und ich dachte, es handle sich um Telefonbetrug. Aber es war wirklich die University of Maryland und man wollte, dass ich meinen Preis abholen käme. Ich war von einem ehemaligen Studenten als bester Lehrer und Mentor nominiert worden. Es würde auch ein gratis Mittagessen geben und man werde mich abholen. Ich sagte, ich sei dabei wegen des gratis Mittagessens, aber ich würde selbst fahren. Als ich also dort am Parkplatz der Universität ankam, sah ich viele Limousinen. Ich fand heraus, dass 25 Studenten 25 ehemalige Lehrer nominiert hatten, und zwar von der ganzen Welt. Die Universität flog beispielsweise Lehrer aus Indonesien und Deutschland ein und sparte keine Kosten. Die 25 Lehrer waren dort, die Tische waren elegant dekoriert und gedeckt, Blumengestecke überall, das gesamte Gremium der Universität war anwesend.

Ich war gerührt, denn es war eine echte Auszeichnung und ich wurde geehrt. Neben mir war der ehemalige Anführer der Schülerrevolte, im Anzug und mit Kinnbart – er sah sehr erwachsen aus. Er war froh, mich zu sehen. Aber das Interessante ist, dass zu der Auszeichnung auch ein Stipendium gehörte, das an einen Schüler im Schulbezirk des Lehrers ging. Diesen Schüler bzw. diese Schülerin kannten wir nicht, aber er oder sie konnte damit an der Universität studieren – dank unserer Auszeichnung. Weil ich also damals in der Situation nicht wusste, was ich tun sollte und beinahe meine Laufbahn aufgab, kann heute ein Kind studieren. Man weiß nie, welchen Einfluss man ausübt. Wenn man etwas Gutes tut, dann hat das den Effekt, den ein Stein hat, der ins Wasser fällt: Er zieht weite Kreise – so weit, dass man nicht sieht, wo sie enden. Ich habe beim Lehren jeden Tag gesehen, dass man Einfluss ausübt. Die Beurteilung meiner Schüler erfolgt nicht über einen Test, sie erfolgt über die gesamte Lebenszeit, über Jahrzehnte hinweg. Das hilft mir, sehr optimistisch zu sein. Auch die Schüler, die hier auf die Bühne gekommen sind, haben mir viel Optimismus gegeben. Ich dachte, es ist ihnen wichtig genug, hierherzukommen und Sie zu bitten, ihnen zuzuhören – es wird gut ausgehen.

Wenn ich also von hier wegfahre, werde ich das tun, was ich immer tue. Ich werde in der 4. Schulstufe in den USA unterrichten, und ich werde Busfahrdienste übernehmen. Am Morgen, wenn die Busse oder Eltern die Kinder zur Schule bringen und sie aussteigen lassen, gehe ich hin und öffne die Türen. Und jedes Mal, wenn ein Kind aus dem Auto hüpft, sage ich: „Eine weitere

Chance auf Größe!" Was, wenn es so ist? Was, wenn eines dieser Kinder Krebs heilen wird? Wenn eines von ihnen Probleme wie AIDS oder Armut lösen kann? Hunger? Krieg? Bei jedem einzelnen Kind könnte das der Fall sein. An meiner Schule haben wir 700 Kinder, sie sprechen 22 Sprachen. 700 Chancen auf Größe jeden Tag. Wie viele Schulen haben wir in unseren Bundesstaaten? In Virginia? In den USA? In Europa? Auf der Welt? Wie viele Chancen auf Größe haben wir jeden Tag?

Deshalb bin ich so optimistisch.

Und deshalb kann ich diese Auszeichnung heute annehmen – und ich konnte es nicht, bevor ich etwas eingesehen habe: Ich tue es im Namen meiner Schüler, meiner Kollegen, meiner Mutter, die mich in der 4. Schulstufe unterrichtet hat, und all der Lehrer und Mentoren, auf deren Schultern ich heute stehe.

Vielen Dank, ich nehme die Auszeichnung in unser aller Namen an.
Danke.

WZGÜZSK – WIE ÜBERLEBEN IN DER WELT VON MORGEN?

Friedrich von Borries

„Empört Euch!" heißt das Manifest des Franzosen Stéphane Hessel, in dem der ehemalige Widerstandskämpfer die Jugend auffordert, sich nicht alles gefallen zu lassen.

GLOBArt gehen einen Schritt weiter. Wir haben Visionäre eingeladen, Helden von morgen, die zeigen, wie und wo es weiter gehen kann. Wir wollen überleben. Dazu bekennen wir uns. Und dafür braucht es neue, radikale Ansätze. Unsere Visionäre verblüffen, verwirren, überraschen, denken Dinge völlig neu zusammen. Was braucht der globale Bürger von morgen? Welche Fragen muss er sich stellen? Wie wird er hausen? Wo wird er Schutz finden? Wie wird er umgehen mit der wichtigsten aller Ressourcen, der Zeit? Werden wir rechtzeitig lernen, langsamer, überlegter, vernetzter und damit verantwortlicher zu leben und zu handeln? Wirtschaftskrise, Klimawandel, Zukunftsängste – das alles vor dem Hintergrund lebendiger sozialer Netzwerke und einer reichen Internetkultur ist eine einzigartige Chance. Die Zivilgesellschaft ist lebendig und selbstbewusst wie schon lange nicht. Und je mehr die aktuelle Politik strauchelt, desto eher wird uns allen klar: Ich bin mein eigener Lebensdesigner, mein eigener Gärtner, mein eigener Kreativdirektor. Es liegt an mir, mich mit Gleichgesinnten zu vernetzen und Dinge anzupacken. Wir wollen Ihnen zeigen, wohin die Reise gehen kann.

WZGÜZSK ist der Code für die Entwurfsaufgaben der Zukunft. Hinter dem unaussprechlichen Kürzel versteckt sich ein ambitioniertes Programm; W steht für Weltentwerfen, also ein Selbstverständnis des Gestaltens, das weit über die Befriedigung von Konsumbedürfnissen, Profiterwartungen und technischen Innovationen hinausgeht: Es geht um die Frage, wie wir leben wollen, und damit auch: in welcher Welt. Dementsprechend schlüsselt sich das Wortungetüm weiter auf: Ü steht für die Fragen des Überlebens, die im globalen Kontext leider immer noch nicht erfüllte Befriedigung der menschlichen Grundbedürfnisse wie Wasserversorgung, Ernährung und Schutz. Z steht für das Zusammenleben der Menschen, ihren Infrastrukturen, Ressourcen und Konflikten, die bewusst oder unbewusst Gegenstand von Design sind.

S steht für die Frage des Selbstseins, und damit für die Frage, was in Zeiten technisierter Entsinnlichung und neurobiologischem Minddesign noch als Selbstsein verstanden und was vor dem Hintergrund von Gen- und Biotechnologie noch als Körper erlebt werden kann. Zuallerletzt führt die Frage nach einem Weltentwerfen zu der Frage, was heute Kultur ist und wie sie transformiert werden kann, und damit letztlich zu der Frage, welche Grenzen ein Entwerfen, das sich als dem Unterwerfen entgegenstellende politische Haltung und Handlung versteht, zu sprengen vermag.

W wie Weltentwerfen

Arno Böhler ist Philosoph und hat gemeinsam mit Susanne Valerie Granzer das Festival „Philosophy on Stage" gegründet.

Herr Böhler, wir leben in einer Zeit, in der alles entworfen wird. Für alles und jedes gibt es Konzepte. Jeder macht ein Konzept, hat ein Konzept oder schreibt ein Konzept. Eine klassische Aufgabe der Philosophie besteht darin, Konzepten auf den Grund zu gehen.

Neben der Frage, ob man Welt überhaupt entwerfen kann, wäre meine erste Frage: Was istdas überhaupt für eine Tätigkeit – „Entwerfen" oder „Konzipieren"? In welcher Denktradition steht dieser Vollzug?

Normalerweise nähere ich mich einer Frage an, indem ich bestimmte Umwege (Detours) gehe.

Der erste Umweg, den ich heute in Bezug auf Deine Frage einschlagen möchte, bezieht sich auf die Sozialisation von PhilosophInnen. Was ich an der Philosophie unter anderem liebe, ist die Tatsache, dass PhilosophInnen qua Profession gewohnt sind, in großen Zeiträumen zu denken. Das ist ein wichtiger Aspekt, wenn wir die Frage nach „Weltentwurf" stellen. Heute leben wir in einer Zeit, die üblicherweise Zeiträume von einem Jahr, bis maximal fünf Jahre, in den Blick nimmt. Als Philosoph bin ich aber darauf trainiert, Entwicklungen zu denken, die sich über Jahrhunderte, wenn nicht sogar über Jahrtausende erstrecken. Alle großen Ereignisse, sagt Nietzsche einmal, kommen auf Taubenfüßchen! Langsam, leise, lang hin unbemerkt! Sie bahnen sich an, ohne dass sie in ihrer Relevanz sofort registriert werden.

Nun der zweite Umweg, der uns zurück zur Antike führt, zu den Griechen, mit denen europäische PhilosophInnen die Philosophie meistens beginnen. Wir springen gedanklich also in das 6 Jhd. vor unserer Zeitrechnung zurück und machen damit einen Gedankensprung, der eine Zeitspanne von mehr als 2.500 Jahre umfasst. Aber was sind schon 2.500 Jahre gegenüber der Zeitspanne, die Deine Frage betrifft: „Weltentwurf"? Wenn ich mir überlege, wie die Griechen, die guten alten Griechen, das Wort „Weltentwurf" übersetzt hätten, dann wäre die älteste Übersetzungsmöglichkeit wohl „Physis"; das Wort wird üblicherweise mit „Natur" übersetzt. Aber diese Übersetzung ist für uns heute höchst missverständlich, weil Physis im vorsokratischen Philosophieren noch das Ganze der Welt (Kosmos) meinte und nicht nur „die Natur;" etwa im Unterschied zur Welt der menschlichen Kulturtechniken. Bei Heraklit meint Physis zum Beispiel das immerwährende Aufgehen des gesamten Kosmos. Ein immerwährendes Feuer, das bei Zeiten aufscheint und wieder erlischt und dabei – von Ewigkeit zu Ewigkeit (Äon) – die Welten gebiert: die Sterne am Himmel; den Planeten Erde; die vier Elemente – Feuer, Erde, Wasser, Luft –; die Flüsse, Berge, Pflanze, Tiere, Menschen, die sie bevölkern etc. All das sind auftretende Ereignisse eines zyklisch wiederkehrenden Weltentwurfs, der sich letztlich dem feurigen Walten der Physis („Natur") verdankt, die nicht erschaffen wurde, sondern selbst erschaffend ist. Spinoza unterscheidet im 17. Jhd. noch zwischen der schaffenden und der erschaffenen Natur. Das Wort „Physis" ist aber auch darum interessant für die Frage, was wir EuropäerInnen in den Anfängen unserer Kultur unter Welt-Entwerfen verstanden haben, weil es auch eine Bezeichnung für einen bestimmten Bewegungsmodus war. „Physis" hieß in der Antike soviel wie selbst-bewegend sein. Die Natur braucht nichts anderes als sich selbst, um Gestirne, Flüsse, Berge, Pflanzen, Tiere, Menschen hervorzubringen. Sie waltet in und aus sich selbst heraus und ist daher der Grund (Arche, Prinzipium) von allem, was entsteht. Diesen Grund haben die Griechen oft auch mit dem Wort Theos (Gott) angerufen. Die schaffende Natur hatte für sie offenkundig etwas Göttliches an sich.

Dass die „Physis" (Natur) eine sich selbst bewegende Kraft ist, in der etwas „naturwüchsig" entsteht, zeigt sich spätestens seit Aristoteles vor allem an den Phänomenen der Biologie. Eine Blume entsteht z. B. ganz von selbst (automatisch, naturwüchsig) aus ihrem Samen heraus, sobald er in einem geeigneten Milieu vergraben wird. Ein Bettgestell hingegen – Aristoteles verwendet oft dieses Beispiel – braucht eine äußere Ursache, um überhaupt zu entstehen, nämlich den Menschen, der das Bettgestell produziert. Genau aus diesem Grund ist ein Bett für Aristoteles ein künstlicher und kein naturwüchsiger Gegenstand. Während das Bett nicht von einem anderen Bett, sondern von einem Menschen künstlich produziert wird, entsteht die Blume naturwüchsig aus ihrem eigenen Samen heraus. Oder, wie wir heute sagen würden, aus dem genetischen Material einer anderen Blume. Als Bewegungsmodus der Naturdinge bedeutet „Physis" (Natur) also die Fähigkeit einer „Sache", Sich-aus-sich-selbst-heraus entwerfen, konzipieren, entwickeln zu können. Der alte Spruch von Pindar: Werde der Du bist!, den Nietzsche oft zitierte, gibt diese älteste Bedeutung des Wortes Physis als Welt entwerfender Kraft sehr gut wieder. Lebewesen „sind", indem sie das Potential ihres Erbes im Akt seiner Wiederholung am eigenen Leib nicht nur wiederholen, sondern auch neu entwerfen!

Seit dem 16. Jhdt. haben wir in Europa aber begonnen, das Verhältnis von Natur, Kultur und Technik gerade umgekehrt zu denken als in den Anfängen unserer europäischen Kultur bei den Griechen. Der faustische Mensch der Moderne wird jetzt selbst zum entscheidenden Welt entwerfenden Faktor. D. h. er produziert sich die Welt, in der er sich lebensweltlich befindet von nun an maßgeblich selbst. Diese Stühle hier, auf denen wir sitzen, dieser Seminarraum im Kloster UND, in dem wir uns befinden, die Kleider die wir tragen, die Mikrofone die wir benutzen und vieles mehr, all das ist nicht durch die Entwurfskraft der Natur allein ganz von selbst (bio-logisch) entstanden, sondern durch die Produktivkraft des Menschen. Die Dinge, mit denen wir heute lebensweltlich zu tun haben, sind in einem großen Umfang Artefakte und keine Natur gegebenen Gegenstände. Das gilt natürlich auch für biologische Phänomene wie Blumen und Nahrungsmittel. Sie entstehen heute selten in der „freien" Natur „naturwüchsig", sondern werden durch menschliche Kulturtechniken industriell erzeugt und „designed." Das gilt sogar für die Sonnenstrahlung. Zwar scheint die Sonne auch heute noch „von selbst" (naturwüchsig, automatisch) und auch unser Sonnenbrand entsteht noch „von selbst" (automatisch, naturwüchsig), aber selbst die Sonnenstrahlung, die uns heutzutage hautnah affiziert, ist immer schon eine, die sich auch aus den kulturellen Praktiken des Menschen (Ozonloch) mit ergibt und nicht mehr einfach „natürlich" gegeben ist.

Wenn wir das Wort „konzipieren," lateinisch „concipere", verwenden, dann sollten wir diese alten Unterscheidungen im Gedächtnis behalten. Die Natur („Physis") konzipiert offenkundig auch heute noch ganz von selbst Gestirne, Galaxien, Leuchtkörper, Planeten etc., und zwar ganz ohne Zutun des Menschen. Sie ist offenkundig immer noch Welt entwerfend. Auch heute noch. Aber auch wenn die Natur („Physis") in ihrem evolutiven Werden ganz von selbst hoch komplexe Lebewesen zu konzipieren vermag – Delphine, Affen, Elefanten etc. –, so gibt es doch auch eine kulturelle Entwicklung auf unserem Globus Erde, in der der Mensch immer mehr zum Mit-Entwerfer dieser, unserer Welt wird. Man denke nur an die Möglichkeiten der Biotechnologien, in das Erbgut der Menschen strategisch planend einzugreifen. In diesem Sinne stimmt natürlich Dein Motto: „Wir leben in einer immer mehr designten Welt." Das Erbgut eines Lebewesens, das sich über tausende von Jahren entwickelt hat, kann jetzt plötzlich in kurzer Zeit durch planmäßige Eingriffe „rational" verändert und folglich „vernünftig" gesteuert werden. Die biologische Entstehung aus dem „eigenen" Samen heraus ist nun offenkundig kein rein naturwüchsiges mehr, sondern eines, das sich der Rationalität menschlicher Techniken mit verdankt, die vorgeben, diese Prozesse (in einzelnen Fällen) besser „designen" zu können als die Natur selbst. Ist ein künstlich manipulierter Same also noch eine Konzeption der Natur oder schon eine Konzeption der menschlichen Rationalität und Technowissenschaften? Ist er das Produkt des „designs" der Natur oder des Menschen? Oder einfach eine hybride Mischung aus beiden?

Dass bei der Beantwortung dieser Fragen der Rückgriff auf die von Aristoteles getroffenen Unterscheidungen von natürlichen und technisch hergestellten Dingen nicht mehr ausreicht, zeigt sich deutlich, wenn man sich vor Augen führt, was die High-Tech-Produkte seiner Zeit waren. Wenn er die Eigenart von Artefakten bespricht, dann meistens Schiffe oder die von mir oben schon erwähnten Bettgestelle. Gleichwohl gibt er uns noch einen sehr wichtigen Hinweis in seinen Analysen, was den Unterschied zwischen technischen und natürlichen Gegenstände ausmacht. Er vergisst nämlich nicht, darauf aufmerksam zu machen, dass ein Bettgestell in Hinblick auf seine Materialursache ein Naturprodukt ist. Insofern es nämlich aus Holz besteht, ist auch das künstlich hergestellte Bett ein Naturprodukt, und kein Kunstprodukt. Das Holz hat nicht der Mensch hergestellt, sondern er findet es naturwüchsig in der Natur selbst vor. Solange es Wälder gibt, solange gibt es Holz. Die Natur ist daher auch eine Ressource für technische Gegenstände. Für Ökologiedebatten ist dieser Hinweis sehr wichtig, wird damit doch gesagt, dass auch technische Produkte niemals zur Gänze rein technisch hergestellt werden, sondern aus Materialien bestehen, die der Natur selbst entnommen sind. Das technisch hergestellte Bettgestell, insofern es aus Holz besteht, ist und bleibt also selbst, trotz aller „Künstlichkeit," ein physischer Bestandteil der Natur. Und zwar auch dahingehend, dass es nicht nur aus dem natürlichen Material „Holz" besteht, sondern kraft seiner hölzernen Physis auch ein Bestandteil und in Wechselwirkung mit der gesamten Natur bleibt. Zum Beispiel zeigt sich das am Altern des Holzes. Irgendwann wird das Bett vermodern, weil das Holz ja nicht aufhört, Teil der „Physis" (Natur) zu sein und mit dem Seienden im Ganzen daher ganz von selbst in physikalischer Wechselwirkung zu stehen.

Mich würde noch der kulturgeschichtliche Wandel mit der Moderne interessieren. Wir verstehen die Welt, in der wir leben, nicht mehr als etwas uns Bestimmendes, etwas Gefährliches, nicht als mächtigeres Gegenüber. Auch bei den alten Griechen sind ja Natur und Götter unbeherrschbare Gewalten, die einem gegenüberstehen. Wenngleich schon in der Bibel steht, dass die Erde dem Menschen unterworfen ist, nimmt der moderne Mensch doch die Welt als gestaltbares Gegenüber wahr. Er geht davon aus, dass er mächtiger ist als die Welt. Ob das stimmt, ist eine andere Sache, das sehen wir ja immer wieder bei Umwelt- und Naturkatastrophen, wo er wieder auf seine Kleinheit zurückgeworfen wird. Insofern liegt dem Gestaltungsbegriff, wie wir ihn heute haben, ja auch ein emanzipatorisches Moment zugrunde, ein Moment der Selbstermächtigung. In dem Zusammenhang möchte ich diese Heideggersche Gegenüberstellung von „in die Welt geworfen sein" auf der einen Seite und das Entwerfen auf der anderen Seite als sehr spannenden Ansatzpunkt sehen. Heidegger hatte das auch nicht im Sinne von „Design" gesehen, wie wir heute Design verstehen, sondern als einen grundsätzlicheren Modus des Menschseins.

Ich bin auf der Seite der Physis-Denker und glaube nicht, dass uns die Welt ursprünglich als ein „Gegenstand" angeht, über den wir nachdenken können, um ihn zu beherrschen. Auch die Griechen dachten das nicht so. Das Seiende im Ganzen, d. h. die Welt, kann kein Gegenstand sein, zu dem wir uns aus einer bestimmten Entfernung her distanziert verhalten könnten. Und zwar darum, weil wir selbst immer schon Teil des Seienden im Ganzen sind. Wir sind in die Welt, als Teil von ihr, einbegriffen und werden von ihr immer schon angegangen, affiziert, betroffen und berührt. Die Welt ist kein einzelner Gegenstand, zu dem ich mich äußerlich verhalten könnte, sondern die Idee des Ganzen, der ich selbst zugehöre.
Wenn Heidegger die Grundverfassung des Menschen als In-der-Welt-sein fasst, dann darum, weil uns die Welt immer schon unmittelbar angeht. Wir stehen ihr nie gänzlich gleichgültig distanziert gegenüber. Wie könnte man sich zur Welt im Ganzen verhalten, wenn man nicht selbst schon ein Bestandteil von ihr wäre? Dass Denker der Moderne die Welt zu einem Gegenstand gemacht haben, der vom menschlichen Subjekt aus einer Art Vogelperspektive betrachtet werden kann, gibt dem Phantasma, die Welt gänzlich beherrschen zu können, erst den nötigen Entwurfsrahmen.

Ich arbeite selbst sehr viel mit Technik: Computer, Video etc. Bei unserem Philosophie-Performance-Festival „Philosophy On Stage" verwenden wir neueste Lichttechnik, Tontechnik etc. Ich bin kein Technik-Verwerfer, aber es ist mir wichtig, in der heutigen Zeit die impliziten Grenzen der Leistungsfähigkeit von Technik zu thematisieren. Meine Haltung zur Technik wäre also in etwa so zu charakterisieren: Die Technologien so weit wie möglich bejahen, aber nur bis zu einem bestimmten (kritischen) Grad. Dort, wo sie sich nicht mehr in die Natur einfügen lässt und diese er-gänzt, sondern zerstörerisch auf unsere Physis auszuwirken beginnt, dort gilt es sie zu verwerfen. Heideggers Technikkritik ist für diesen Zweck sehr brauchbar, weil er darauf aufmerksam gemacht hat, dass wir etwas nur dann entwerfen können, wenn wir selbst überhaupt in eine Welt geworfen wurden. Und zwar so, dass uns diese im Zuge unseres Anwesens in ihr in Hinblick auf ihre Entwerfbarkeit aufgeht. Wenn Sartre im Anschluss an Heidegger sagt. „Wir sind zur Freiheit verurteilt", dann heißt das, dass wir die Welt nur unter der Bedingung frei entwerfen können, dass wir selbst in ihr da sind, und zwar im Modus des Entwerfens. Es gehört zwar zu unserer menschlichen Natur, dass wir zum Konzipieren der Welt fähig sind. Aber entwirf einmal etwas, wenn Du überhaupt nicht da bist!¿ Dieses Da-sein, die Faktizität unserer Geburtlichkeit/Geworfenheit, geht dem Entwerfen-können voraus. Wo bleibt die Fähigkeit, die Welt zu entwerfen, wenn jemand gar nicht geboren wird¿ Oder wenn jemand ohnmächtig wird¿ Oder wenn man in eine traumlose Tiefschlafphase versinkt¿ Man muss hellwach Da-sein, um etwas selbst entwerfen zu können. Dieses Da-sein wird übergangen, wenn wir uns nur auf das Entwerfen von Welt entwerfen, und dabei vergessen, dass wir das alles nur inmitten der Physis und unseres eigenen physischen Anwesens in einer Welt vermögen.

Die Tätigkeit des Entwerfens ist, von unserem Da-sein her begriffen, auch nicht nur einfach eine Aktivität, sondern auch ein Sein-Lassen, ein Ankommen-Lassen von Welt inmitten der Welt. Im aktiven Tun lassen wir ja etwas entstehen, das kraft unserer Aktvitität (physisch) ins Dasein kommt. Ein Atomkraftwerk wird von uns nicht nur aktiv konzipiert und gebaut, im Zuge seines physischen Anwesen-Lassens wird es inmitten der Welt auch materiell ankommen. Als physisches Objekt geht es uns aber alle ganz unmittelbar auf unserer eigenen physisch-leiblichen Ebene an: Atomare Strahlung kann uns alle töten. Es ist daher nicht nur ein irgendwo in einer sicheren Distanz zu mir vorhandener Gegenstand, sondern auch etwas, was mich wesentlich betreffen kann. Etwas, mit dem wir fortan unser Da-sein teilen und zu teilen haben. Das ist wichtig! Denn wenn wir die Realisation bestimmter Techniken zulassen, zum Beispiel Eingriffe in die Gene, oder Atomtechnologien, dann ist dieses zulassen dieser Techniken für die nächste Generation, die in unsere Welt kommt, um sie mit uns zu teilen, Teil ihrer Geworfenheit. Es ist Teil dessen, was man früher „ihr Schicksal" genannt hätte. Zum Schicksal ihres Da-seins gehört es fortan, in einer Welt da zu sein, in der auch Atomkraftwerke da sind. Und zwar nicht nur als ein bestimmtes Objekt, das man betrachten, studieren, als TouristIn vielleicht sogar besuchen kann, sondern als etwas, das unser eigenes leibliches Da-sein ganz maßgeblich affizieren kann. Als Gegenstand und Objekt betrachtet, ist das Atomkraftwerk nicht besonders bedrohlich. Aber sobald ich es auf seine Risiken hin betrachte, das Leben auf der Erde massenhaft zerstören zu können, enthüllt es plötzlich sein ganzes Bedrohungspotential, ein immanenter Bestandteil unserer Welt geworden zu sein.

Vielleicht zeigt sich der Wechsel von einer äußerlich gegenständlichen Perspektive auf die moderne Technik zu einer immanenten Perspektive noch deutlicher am Beispiel von Biotechnologien: Wir können von außen her überlegen, ob wir ein Gen verändern sollen oder nicht. Aber im Unterschied zu uns, die wir darüber bloß nachdenken, wird es ein Lebewesen geben, das dieses Gen immanent zu sein hat, nachdem es befruchtet wurde. Jemand, ein Schaf, ein Mensch, oder irgendein anderes Lebewesen hat die Folgen dieser Veränderungen am eigenen Leib auszubaden. Von einem immanenten Standpunkt aus betrachtet stellt unser Gendesign für dieses Lebewesen ein Schicksal dar, das über es kommen wird, als ein geworfener Entwurf seiner genetischen Natur, die es selbst zu sein hat. Sein Gen hat auch dieser designte Mensch oder dieses designte Schaf nicht selbst entworfen und gestaltet, sondern jene anderen, die da waren, bevor der neu designte Mensch oder das neu designte Schaf da waren. Was wir aktiv gestalten, ist für ihn ein Schicksal, das über ihn kommt. Unser Entwurf ist seine Geworfenheit.

Was Heidegger mit dem Gedanken der Geworfenheit also stark macht, ist die Idee, dass das Entwerfen-Können einer Welt zwar ein emanzipatorisches Moment beinhaltet – „Wir Menschen können die Welt, in der wir uns befinden, auch virtuell gestalten. Wohlan!" Nur sollten wir dabei nicht vergessen, dass diese freie Gestaltung nicht in einem abstrakten geometrischen Raum stattfindet. Das ist das Gefährliche an Reißbrett-technokratInnen. Ein Atomkraftwerk entsteht zwar auch am Reißbrett. Letztlich wird es aber in der Erde physisch erscheinen und damit Teil der Natur (Physis) werden, die uns leiblich umgibt. Die materielle Konzeption eines Atomkraftwerks geht uns in diesem Fall plötzlich alle etwas an, da der Bau nun Teil unserer eigenen physischen Lebenswelt geworden ist. Er existiert nicht mehr bloß in den Köpfen der TechnikerInnen, sondern im Da-sein, das wir mit ihnen und der gesamten Natur weltweit teilen. Das ist der Grund, warum ich mich soeben einen Physis-Denker nannte. D. h. jemand, der zu bedenken versucht, dass auch den gesamten modernen Technologien die Physis zugrunde liegt. Gerade auch darum, weil die moderne Technik angewandte Forschung ist. Sie will letztlich das Atomkraftwerk, Auto, Telefon, Arzneimittel etc. nicht im Kopf, sondern physisch realisieren. Damit werden diese Artefakte aber automatisch Teil der Natur (Physis).

Noch eine Anmerkung, wenn ich darf. Das Wort Physis bedeutet in unserer Zeit ja auch so viel wie „Körper" oder „Kraft" – es kann auch die physische (oder biologische) Kraft meinen, mit der ein Körper ausgestattet ist. Du siehst. Wenn wir Physis im Sinne von „Natur" sagen, dann berühren wir immer auch das Problem der Physis im Sinne von „Körper". Physis-Denker sind daher gezwungen, die Auswirkung einer

physischen Erscheinung auf andere Körper immer mit zu bedenken. Ein Beispiel: Wenn jemand FlugpilotIn oder FlugbegleiterIn wird, lebt diese Person permanent in einem artifiziellen Raum, in einem Flugzeug, mit künstlich hergestellten Druckverhältnissen usw. Jetzt können wir sagen: Ich entwerfe mich aktiv auf diesen Beruf. Aber irgendwann werden wir sehen, dass diese artifizielle Umgebung ganz von selbst auf die Körper der PilotInnen und FlugbegleiterInnen abfärben wird. Die Wahrscheinlichkeit ist groß, dass diese Personen irgendwann typische Flugkrankheiten bekommen – Nasenhöhlenentzündungen z. B. Die Physis dieser Personen beginnt auf deren Weltentwurf also ganz von selbst zu reagieren, indem ihre Körper Krankheitsbilder produzieren, die für einen solchen Lebensentwurf symptomatisch sind. Handelt es sich hier also um ein rein aktives Design eines Lebensentwurfs? Aber das Krankheitsbild wird von den Betroffenen doch nicht selbst aktiv mit entworfen? Es überkommt sie vielmehr, quasi als eine Reaktion ihrer eigenen Physis auf den Lebensentwurf, den sie gewählt haben. Müssen wir dann aber nicht sagen, dass untergründig auch heute noch unsere Physis selbsttätig tätig ist, und zwar selbst dann, wenn wir uns aus freien Stücken auf eine bestimmte Lebensform entwerfen?
Oder ein anderes Beispiel. Versuch einmal, drei Minuten Deinen Atem anzuhalten. Oder besser, versuch es bitte nicht! Du kannst Dir das zwar vornehmen und Dich auf diese biologische (Un-)Möglichkeit entwerfen, aber Deine Physis wird Dir dabei bald einen Strich durch die Rechnung machen.
All diese Beispiele zeigen deutlich, dass auch heute noch die Physis bei der Frage, wie weit der Einsatz von Techniken Sinn macht, eine gewichtige Rolle spielt. Damit wir die Stimme der Physis nicht ganz überhören, braucht es eben Physik-DenkerInnen wie mich.

Eine Frage hätte ich noch, weil Du ja auch eben Sartres „Zur Freiheit verdammt sein" angesprochen hast: Es gibt ja noch eine andere interessante Wortauseinandersetzung mit dem Wort „entwerfen" in der deutschen Philosophiegeschichte: Das ist Wilhelm von Flusser, der Medienphilosoph, der gesagt hat: „Entwerfen ist das Gegenteil von ‚unterwerfen'". Wir leben in dieser Welt oft von Sachzwängen beherrscht. Es gibt diese Finanzkrise, deshalb muss angeblich so oder so gehandelt werden. Flusser hat den entwerfenden Menschen als den bezeichnet, der sich eben nicht unterwirft – eigentlich noch eine Steigerung zu dem Heideggerschen Entwurfsbegriff, weil er sozialpolitisch aufgeladen ist.

Nun, da bin ich äußerst kritisch. Das lateinische Wort für „unterwerfen" lautet „subiectum." Das Wort „Subjekt" hat im neuzeitlichen Kontext die Gegenbedeutung von der alten Bedeutung von „subiectum" angenommen. Subjektsein heißt jetzt gerade nicht mehr – sich etwas unterwerfen, was schon vor uns da war (hypokeimenon –, um ihm, kraft seiner Zuvorkommeneit, unseren Respekt zu bezeugen. In einer 180 Grad Wendung in Bezug auf den alten Sinn von subiectum heißt Subjektsein nun gerade soviel wie Wahlmöglichkeiten haben, über die wir selbst frei entscheiden können; die wir also selbst frei entwerfen, gestalten und konzipieren können. Im Sinne der Aufklärung wird „Subjekt" ein Schlagwort für die Mach- und Gestaltbarkeit von Welt. Jede Form von Vorgegebenheit (Zuvor-kommenheit) wird jetzt nur noch negativ bewertet. Natürliche Gegebenheiten, Traditionen, alles, was nicht von uns selbst freiwillig erschaffen und konzipiert wird, wird jetzt als Hindernis und Last interpretiert. Das Leitmotto heißt jetzt: „Nur das, was von uns selbst aus dem Nichts kreiert wird, kann von uns selbst auch unbedingt bejaht werden."! Anklänge an das jüdisch-christliche Schöpfungsverständnis sind unüberhörbar.

Dagegen wollte ich in dem vorher Gesagten darauf aufmerksam machen, dass auch in der modernen Technik eine Form von Schicksal und Fatalismus unumgänglich mit am Werk ist. Wenn wir Atomkraftwerke de facto bauen, dann bauen wir sie in der Physis, die wir alle miteinander weltweit teilen. Der abstrakte mathematische Raum ist nicht ident mit dem Raum unserer Lebenswelt, in der wir selbst leiblich anwesend sind. Atomkraftwerke haben einen Ort und eine Zeit ihres physischen Erscheinens. Sie stehen irgendwo; in er Nähe von Tokio oder wo auch immer. Sie sind hineingebaut in die Erde, der auch wir angehören, insofern wir selbst leibhaftig anwesende Lebewesen sind. Die Wirkung eines leck gewordenen Atomkraftwerks kann mir daher nicht völlig gleichgültig sein. Und auch wenn unsere Vorfahren und wir selbst den Bau solcher Atomkraftwerke zulassen, dann sind sie in dem Moment, in dem jemand in diese so gestaltete Welt geboren wird, für diese Person schicksalsmäßiger Bestandteil ihres weltweiten Da-seins, dem dieser Mensch ganz objektiv als subiectum unterworfen ist. Hier muss man Hegels Konzeption des objektiven Weltgeistes begrüßen. Ich habe diese Atomkraftwerke nicht selbst gebaut, verursacht und verschuldet, aber ich befinde mich ganz objektiv in einer Welt, in der es diese Dinge gibt. Ich bin ihrem Da-sein unterworfen, ob ich will, oder nicht. Nicht, weil ich nichts gegen sie machen kann, sondern weil sie mir im philosophischen Sinne „zuvorgekommen" sind. Sie sind schon da, bevor ich da war, und das heißt eben hypkeimonen, subiectum, Zuvorkommenheit, Unterworfen sein gegenüber etwas, das schon vorliegt. Wir werden nicht in einen leeren Behälter geboren, sondern in die Welt unserer Vorfahren!

Zum Glück gibt es z. B. das im Laufe der Evolution erfundene Ritual des Atmens, das es schon länger gibt als mich. Es war schon erfunden, bevor ich da war. Sonst müsste ich mir in meinem Da-sein selbst erst eine Atmung erfinden und konzipieren.

Zum Glück gibt es wohl erprobte evolutionäre Riten der Verdauung, die ich biologisch ganz von selbst vollziehe, sobald ich als Mensch geboren werde. Ohne diese Unterwerfungsmöglichkeit unter ein mehr oder weniger von selbst funktionierendes Atmungs- bzw. Verdauungssystem müsste ich all diese Dinge erst selbst erfinden. Wäre das nicht eine Hölle, alles selbst erfinden und konzipieren zu müssen, ganz ohne die Hilfe einer „Natur," die das ganz ohne mich von selbst erledigt? Möchtest Du der Sonne sagen müssen, sie möge nicht vergessen, zu scheinen? Oder dem Magen, er möge nicht vergessen, von selbst zu verdauen?

Zum Glück gibt es sie, Dinge, die ganz von selbst passieren, abseits jeder menschlichen Leistung. Und das Tollste daran: Die Natur macht das ganz um sonst, völlig unbedankt! Grazie!

Ü wie Überleben

Claudia Plöchinger kommt aus Hamburg und ist Kuratorin, Kulturaktivistin und seit mittlerweile zwei Jahren auch öffentliche Gartenaktivistin und Mitinitiatorin des Urban Gardening Projekts „Gartendeck" in Hamburg. Ich wollte hier nicht mit dem bekannten Phänomen von Weltbevölkerung und Umfeld anfangen sondern mit dem direkten Umfeld: Auch hier gibt es in der Großstadt eine gewisse Diskrepanz zwischen Ernährungsgewohnheit und Erfahrung von Nahrungsmittelproduktion, dafür ist das „Gartendeck" ein sehr interessantes Beispiel.

Das Gartendeck ist ein urbaner mobiler öffentlicher Garten. Es ist also kein Garten in Hamburg, wo sich 20 oder 30 Leute in Hamburg „ihr" Gemüse anbauen, sondern es ist ein Garten, der wie ein Park Öffnungszeiten hat. Zu den Öffnungszeiten ist immer jemand da, der Bescheid weiß, was der Garten braucht, und dort wird gemeinschaftlich Gemüse angebaut. „Gemeinschaftlich" bedeutet, dass alle gemeinsam diese Fläche von 1000m² bewirtschaften. An einer Pflanze sind also viele unterschiedliche Menschen über die Saison tätig. Auf dem Gelände befand sich ursprünglich eine Halle, die abgerissen wurde. Acht Jahre später im Frühjahr kamen wir. Wir präparierten das Gelände, machten es begehbar und bebauten es im Laufe von zwei Jahren.
Wir bauen also in der Stadt Lebensmittel an. Viele Kinder, aber auch Erwachsene, wissen heutzutage überhaupt nicht mehr, wie Lebensmittel entstehen. Der zweite Aspekt ist aber auch, dass sehr viele Leute gemeinsam einen Garten bewirtschaften und gemeinsam eine Verantwortung für die Lebensmittel tragen. Wenn ich ansäe, dann wächst etwas, das ich bewässern muss, wo ich jäten muss – es hat also auch etwas mit Fürsorge zu tun, einer gemeinsamen Fürsorge gegenüber der Physis der Pflanze. Die Pflanze ist naturgegeben, hat ein Eigenleben, hat Bedürfnisse. Der Mensch ist der derjenige, der in dieser Beziehung untereinander, aber auch mit der Pflanze, schauen muss, wie er mit dem, was er schon in die Welt gesetzt hat, umgeht. Eine große Qualität ist, dass es ein gemeinsamer Akt ist, man muss an der Pflanze kommunizieren, man muss an der Bedeutung und Verwendung der Pflanze kommunizieren – und damit meine ich nicht ausdiskutieren, sondern handeln und tun. Wie man mit der Pflanze weiterverfährt, bleibt auch auf dem Gartendeck. Es bleibt vor Ort und wird vor Ort verhandelt.
Die logische Konsequenz ist, dass man das, was man gemeinsam bewirtschaftet, auch gemeinsam erntet und gemeinsam verkocht. Jetzt gerade ist eine sehr erntereiche Zeit. Das bedeutet, dass sich gerade täglich jemand etwas ausdenkt. Auch während

unserer Öffnungszeiten wird dann spontan gekocht, dann stehen mehrere Personen an unserem sechsflammigen Gasherd und es kommt ein leckeres neues Gericht nach dem anderen heraus. Wir führen auch viele Gruppen durch den Garten – mit Erwachsenen und Kindern. Wir haben Veranstaltungen wie Flohmärkte auf dem Gartendeck. Da kommen die Leute aus ganz anderen Gründen hin und machen dann diese Erfahrung.

Jeder hat bestimmte Bilder von Garten im Kopf – von romantisch bis wild – und dann sehen wir diese Asphaltflächen und Plastikkisten, also eigentlich eine ganz andere Ästhetik. Wie gehen denn die Leute, die ja nicht alle einen Kunst- und Kulturhintergrund haben, sondern vielleicht auch einfach in dem Quartier wohnen, mit dieser anderen Ästhetik um?

Die Menschen gehen sehr gut damit um. Wir bauen in diesen Bäckerkisten an, das hat mehrere Gründe. Zum einen die der Mobilität. Zweitens war da einmal ein Schrottplatz und niemand will, dass wir dort in dieser Erde anbauen. So können wir die Qualität der Pflanze kontrollieren. In der Stadt existieren viele Systeme und Materialien, die mit Lebensmitteln in Verbindung sind, weil sie eben nicht vom Acker in den Mund kommen, sondern da sind Transport und Lagerung große Themen. Dadurch gibt es sehr viele lebensmittelechte Materialien, in denen man anbauen kann. Bei uns sind es diese Kisten, aber es geht auch mit Tetrapaks und Reissäcken. So sehen die Leute, dass, wenn das Kriterium Lebensmittelechtheit ist, sie auch die Möglichkeit haben, auf ihrem Balkon, ihrer Fensterbank oder in ihrem Zimmer etwas zu machen. Dadurch wird auch dieser Möglichkeitsraum größer, eine Pflanze ins eigene Leben zu holen.

Es gibt diese Ebene des selbst Anpflanzens und des selbst Gärtnerns. Viele Leute kommen ja auch deshalb zu euch, weil sie denken, dass sie das lernen wollen und wenn sie gehen, haben sie auch etwas über soziale Gemeinschaft gelernt, über Aushandlung von Konflikten, über Durchhaltevermögen, manchmal auch über Scheitern – es wächst ja nicht alles immer so, wie man sich das wünscht. Diese Kombination von etwas Physischen, etwas Gesundem, Bio, ist ja auch egoistisch motiviert, weil man sich selbst etwas Gutes tun will und plötzlich findet man sich in einer Gemeinschaft, Aufgaben, Verantwortung und auch Zugehörigkeit wieder. Ich glaube, das ist auch ein Aspekt von Eurem Projekt, den ich sehr spannend finde.

Es ist ja grundsätzlich einmal ein Garten für alle. Viele fragen, was denn die Voraussetzung ist, um mitmachen zu dürfen. Es gibt keine: Reinkommen, Hallo sagen und kommunizieren. Für viele ist das tatsächlich eine Schwelle, ob sie ihr eigenes Beet haben können. Diese Fragen tauchen oft am Anfang auf, dann sage ich: „Komm doch mal rein, nimm Dir einen Kaffee und sieh Dich um!" – und eine halbe Stunde später sind diese Fragen dann auch tatsächlich verschwunden. Man lernt auch automatisch Gelassenheit, denn man wird da nichts kontrollieren können. Wenn ich morgen nicht komme, dann kommt jemand anderer und macht etwas anderes. Und am dritten Tag trifft man sich dann zufällig und redet darüber und kommt drauf, oje – aber schauen wir mal, was passiert. Dass man in der Gemeinschaft agieren kann, ohne sich vorher auf einer abstrakten Ebene ausdiskutieren zu müssen, sondern es auch einen ganz konkreten Handlungsraum gibt, der auch nicht die Option hat, ihn mal zu nutzen und mal zu vernachlässigen, sondern es muss jemand da sein und schauen, das hat eine ganz große Qualität. Hier kann man sehen, dass man auch im Kleinen vom Aussäen hin zum ideellen Säen einen Beitrag leisten kann, dass sich die Stadt verändert.

—

Harald Gründl ist Designer im Designbüro EOOS in Wien und hat in Wien ein Institut für Designforschung (IDRV) gegründet. Was uns hier interessiert, ist das Thema Energie: Wie müssen wir mit Energie umgehen, damit wir überhaupt eine Zukunft haben?

Wir setzen Scheuklappen auf und versuchen, die Auswirkungen unseres Tuns möglichst nicht zu berücksichtigen. Wir sind darin sehr erfolgreich, aber es gibt mittlerweile eine sensibilisiertere Wahrnehmung, und das betrifft auch DesignerInnen. Wir haben in großem Maßstab mit dem „Weltenentwerfen" begonnen – zu betrachten, wie wir als Menschen, Konsumenten und als Designer die Welt mitgestalten. Die „Weltformel" ist ein Modell, basierend auf globaler Solidarität, berechnet, wie alle Menschen auf der Welt fairen Zugang zu Schlüsselressourcen haben. Die Weltformel ergibt sich jeweils aus der weltweit zur Verfügung stehenden Schlüsselressource geteilt durch die Weltbevölkerung. Der für jede Person resultierende Wert sollte unser Ziel für unseren persönlichen zukünftigen Lebensstil sein, um allen Menschen weltweit dieselbe Chance auf nachhaltige Entwicklung bieten zu können.
Ich möchte auch gern das Modell der 2000 Watt Gesellschaft vorstellen, das an der ETH Zürich entwickelt wurde. Es ist ein energiepolitisches Rechnungsmodell für eine Lebensweise, deren durchschnittlicher, global gerecht verteilter Primärenergiebedarf 2000 Watt Dauerleistung pro Person beträgt. Dabei ist der gesamte Energie-, nicht nur der Stromverbrauch eingerechnet, also auch z. B. Mobilität und Wärme. Derzeit beträgt der durchschnittliche Energieverbrauch in Europa pro Kopf rund 6000 Watt. Dieser müsste also um 2/3 reduziert werden um dem Leitbild gerecht zu werden.
Designer haben bisher ignoriert, dass viele Produkte zum Beispiel nicht ordentlich entsorgt werden können, dass Energie nicht rückgewonnen wird etc. In der Gestaltung der Zukunft werden Lebenszyklen gestaltet werden, es wird über das klassische Produktdesign hinausgeschaut. Leder ist natürlich, aber die Prozesse, die zu seinem Aussehen führen, vielleicht nicht.
Ein Beispiel aus unserer Ausstellung, die gerade läuft, zeigt einen banalen Gegen-

stand, einen Kunststoffstapelstuhl mit Stahlfüßchen. Die Gestalter der Vergangenheit hätten gesagt: Er besteht aus Kunststoff und Stahl. Das ist korrekt, aber naiv. In Wirklichkeit besteht er aus 600 Litern Wasser, 5 Kilogramm Kohle, 3 Kilogramm Erdgas, 1,5 Kilogramm Biomasse, 5 Litern Rohöl, Chrom, Nickel und 1,5 Kilogramm Eisen. Zurück zur Energiefrage: Kohle und Gas sind als Materialien enthalten, werden aber zum Teil auch im Transport verbraucht und in Produktionshallen, die nicht besonders effizient sind, das ist ein hoher Anteil an nicht erneuerbaren Ressourcen. Und – wird der Stuhl am Mistplatz recycled? Nein! Er wird verheizt! In Wien in der Müllverbrennungsanlage. Der Effekt ist, dass man auf Werbepostern liest, wie „grün" die Fernwärme ist. Um die Welt mit zu entwerfen ist die einzige Lösung Informiertheit.

Hier sieht man, wie Gestaltung auch in den ganz kleinen Dingen unseres Lebens einen großen Impact haben kann.

—

Daniel Kerber ist ein Künster, der auch Social Entreprenuer, also sozialer Unternehmer, ist. Sein Projekt „more than shelters" für Notunterkünfte ist für mich ein Beispiel, dass man, auch als Künstler, zum Beispiel Notunterkünfte für die Dritte Welt designen kann.

„More than shelters" kümmert sich als Idee/ Designwerkstatt und Think Tank um eine zentrale Frage: Wie schaffen wir ein menschenwürdiges Zuhause für Menschen in Krisensituationen? Momentan lebt eine Milliarde Menschen unsicher oder ungesund oder hat gar keine Behausung. Würden wir hier heute auf der Straße landen, würde unsere Lebenserwartung um 20 Jahre sinken. Der Mensch braucht also Schutz. Er braucht ein Dach, und das seit der Zeit der Höhlenmenschen. More than Shelters ist mein Herzensprojekt, in dem ich versuche, mit anderen Menschen gemeinsam über meine Grenzen hinaus diese prekären Lebensräume zu gestalten. Dabei gibt es zwei Dinge zu beachten: In der Not gestalten sich die Menschen ihren Lebensraum auch selbst. Es gibt aber auch die Situation, in denen sie ihren Lebensraum verlassen müssen. Man sieht auf den Bildern, die ich mitgebracht habe, das Lager Dadaab in Kenia. Da wohnen aktuell 500 000 Menschen. Es ist eine richtige Stadt, und die Menschen gestalten ihren Lebensraum nicht notwendigerweise freiwillig nach ihren Grundbedürfnissen. Unabhängig vom Klima oder der kulturellen Situation bestehen diese Orte immer aus Zelten.
Vor zwei Jahren dachte ich: Man kann doch nicht in jede Situation brachial mit demselben Designobjekt reingehen. Warum ist das so? Die Gründe gehen in den tieferen Zusammenhang hinein: Logistikketten, Funktionieren der NGOs – Wissen die nicht, dass man das auch anders machen kann? Wie ist die Produktpolitik der Zelthersteller? Warum wird dasselbe Zelt an Militär und Flüchtlinge verkauft? Warum ist das Bewusstsein für die kulturelle Situation so gering? Wie kann man das

anders machen?
In einem ersten Entwurf präsentierten wir ein Modulsystem, das dieselben Kosten wie die Zelte hat. Gestalterisch ist es aber ein Werkzeugkasten: Man kann es an die klimatische Situation anpassen. Kulturell kann man eine syrische oder afrikanische Flüchtlingsfamilie nicht mit einem islamischen Kontext vergleichen, wo Männer nicht mit Frauen gemeinsam wohnen dürfen. Afrikanische Familien sind für die Zelte wiederum zu groß – man braucht einen anpassbaren Baukasten. Im zweiten Schritt wird die Unterkunft von den Bewohnern angeeignet und selbst weiterentwickelt. So kann man lokale Ressourcen und Know How integrieren. Man kann auf Augenhöhe von der westlichen Kultur aus vergleichend beobachten und lokal gestaltenden Gestaltungszusammenhang mit Tradition und Wissen, das wir gar nicht haben können, zusammenführen.

Was sind Deine Erfahrungen in diesem Prozess vom Künstler zu jemandem, der jetzt bald mit ersten Feldversuchen startet, zum Beispiel mit NGOs und Hilfsorganisationen?

Wir sind gerade in der Endphase und beginnen bald mit den ersten Pilotprojekten. Meine Erfahrungen deckten die ganze Bandbreite ab – von den Hardcore-Traditionalisten, sehr konservativen Organisationen, aber auch einen sehr starken Innovationsdrang, besonders bei jüngeren kleineren Organisationen. Ein Grund für unseren Erfolg ist aber die sich ändernde Situation. Früher hatte man eine Notsituation und konnte die Leute übergangsmäßig in Holzhütten unterbringen, und siedelt die einfach wieder an. Aber das Lager Dadaab zum Beispiel besteht schon 20 Jahre, also die Phasenmodelle gibt es einfach nicht mehr.

Aber diese Unterbringungen sind ja auch Zelte. Oder werden die irgendwann fester, quasi Häuser? Oder akzeptiert man irgendwann diesen Zustand, dass aus den Flüchtlingslagern Pseudostädte werden?

Das gehört mit dazu. Lager im Libanon existieren mittlerweile schon seit 50 Jahren und sind urbane Strukturen, haben aber noch immer Lagerstatus. Wir haben mit den Leuten gesprochen und sind von ihrer Situation ausgegangen. Viele landen nach dem Lager in wachsenden Megastädten in den Slums. Wie können wir Produktelemente wie Tragwerke oder Planen für eine weitere Nutzung weiterdenken? Kann man daraus später ein Haus oder eine Wand oder ein Dach bauen? Das wollten wir gestalterisch lösen. Ein zweiter Aspekt sind die politischen Rahmenbedingungen. Oft sind die Menschen unerwünscht und man hofft, sie verschwinden wieder, wenn man sie in ihrer Not belässt. In Dadaab zum Beispiel nimmt die kenianische Regierung Menschen auf, erlaubt ihnen aber nicht, Fundamente zu bauen, also Wurzeln zu schlagen. Gerade an diesem Beispiel lernen jetzt aber alle Beteiligten, dass das die Situation mehr verfestigt als wenn man dem Menschen einen Raum gibt, wo er gesunden kann und Energie gewinnt, die ihn von alleine wieder hinausträgt. Man beginnt hier wieder Menschen zu sehen statt einer Masse Unterzubringender.

—

Peter Haimerl hat ein Architekturbüro in München, in dem er experimentelle Bauprojekte plant, wofür er mehrere Preise bekommen hat. Sein Herzensprojekt liegt aber jenseits von Realisierungsmöglichkeiten, und es wird hier vorgestellt.

„Zoomtown" wurde gleich nach unserem Studium entworfen. 1990/91 haben wir uns ein zweijähriges Sabbatical genommen und uns einfach unsere Städte angeschaut. Wir haben uns gefragt, was eigentlich schief läuft. Das ist ziemlich genau 20 Jahre her. Beim Thema „Stadt" sind wir ganz schnell auf Themen gekommen, die man allgemein mit Architektur verbindet. Ich selbst bin ja vom Land und mit Gärten und Eigenanbau sehr vertraut. Ich bin hart gegen die Stadt geprallt und mir ist aufgefallen, dass Städte sehr undurchdringlich sind. Städte bauen dauernd Blockaden auf, und es gab eine Menge von stadträumlichen Themen, die mit Bewegung zu tun hatten. Es gab auch einen sehr großen Unterschied zwischen Städten in Industrieländern und in Entwicklungsländern. China stand damals an der Schwelle zur Industrialisierung. Zu dieser Zeit gab es keine Autos und es war abzusehen, dass diese Entwicklung rasant in Richtung Westen gehen würde. China würde Autos brauchen und Ressourcen verbrauchen und in Europa, speziell in Deutschland, würden Schrumpfungsprozesse stattfinden.

Auch heute noch gibt es Länder, die dem europäischen Vorbild nacheifern. Gleichzeitig hat aber Europa Konkurrenzprobleme bekommen, denn es ist für ein Land natürlich wesentlich einfacher, so lange die Wirtschaft wächst und man gleichzeitig eine schrumpfende Bevölkerung hat. Wir haben ein vollständiges Modell entwickelt, das als „Open Source"-Projekt gedacht war, an dem man weiter arbeiten und das man umgestalten kann. Man kann das auch nicht global angehen, denn die Voraussetzungen in Indien und China sind denen in Europa genau entgegengesetzt. Wir konnten nur für Europa Verantwortung übernehmen. Also müssen wir zuerst unser Haus in Ordnung bringen, damit wir konkurrenzfähig sind und in Zukunft für Entwicklungsländer vielleicht ein Modell bieten können, das nicht so viel Energie verbraucht, das nicht auf Wachstum setzt, in dem man aber trotzdem so gut leben kann wie in Europa.

Ein Aspekt war: Wie könnte in einer zukünftigen europäischen Welt Mobilität funktionieren? Wir nannten das Projekt „Zoomtown – United Metropols of Europe". Wie der Name schon sagt, ist Zoomtown eine große Stadt, die alle europäischen Städte miteinander verbindet. Die folgenden Aspekte sind hierbei wichtig: Vernetzung – Die europäischen Großstädte sollten mit einem speziellen Verkehrssystem noch stärker miteinander vernetzt werden. Die Mindestgeschwindigkeit sollte dabei 400 km/h

betragen. Wenn man sich in Zukunft mit dieser Geschwindigkeit fortbewegen kann, dann wird es nicht mehr so wichtig sein, wo man wohnt, sondern in welchem Zeitraum man sich befindet. Wenn Sie in Wien sind und so schnell fahren können, ist Paris durchaus noch in einem Zeitraum, in dem sie es erreichen können und in dem Sie leben können. Wenn Sie in Madrid sind, haben Sie Paris auch noch als Schnittmenge, aber Sie leben nicht mehr in einem Zeitraum, der Wien einschließt.
Wenn man die Mobilität in Zukunft effizienter gestaltet, kann sich Europa aus Zeiträumen zusammensetzen. Diese schnellen Züge kennt man ja schon und mit perfekten Anbindungen wird man feststellen, dass man in Europa komplett auf Flugzeuge verzichten kann. In der Gesamtsumme kommen Sie mit wesentlich weniger Verkehrsmitteln und Energie aus. Dafür legt man Bahnhöfe im Abstand von fünf Kilometern über die Stadt. Um sich innerstädtisch fortzubewegen, braucht man „Floater", das können Fahrräder oder andere Verkehrsmittel sein.
Über 50 Prozent des Verkehrs sind Güterverkehr – Wie gehen wir in der Stadt damit um? Wir holen die Menschen von unter der Erde heraus und stecken die Güter in die U-Bahn. Aktuell haben wir eine totale Überfrachtung. Wir haben Straßenbahnen, Autos, LKWs, Züge, Fahrräder, U-Bahnen und sicherlich noch ein paar andere, die sich alle innerhalb von 50 oder 100 Metern in der Stadt bewegen. Brauchen wir überhaupt so viele? Wenn man jetzt alle paar Kilometer einen Bahnhof hätte und sich dazwischen mit Fahrrädern oder mit kleinen Vehikeln oder zu Fuß bewegen würde, dann haben Sie plötzlich eine Menge Platz in der Stadt, den Sie neu beleben oder bepflanzen können oder wo sie Industrie ansiedeln können. Industrie wäre dann, wo sie hingehört, nämlich im Logistikzentrum. Sie können neue Marktplätze aufziehen und die Stadt kann wieder so ähnlich werden wie früher.
Obwohl sich das Design gar nicht verändert hat, ist die Stadt Pionierland geworden und die Denkweise hat sich verändert. Die Güterversorgung könnte über automatische Container passieren, die an die Bahnhöfe gehen, von dort könnte über Schächte oder kleinere überirdische Vehikel verteilt werden. Innerhalb Europas, aber auch innerhalb der Stadt kann man sich doppelt so schnell von A nach B bewegen und schafft gleichzeitig die Möglichkeiten für einen völlig neuen Stadtraum. Wie der aussieht, hat mit Infrastruktur nichts zu tun. Die Infrastruktur schafft nur eine Basis für das, was das Individuum anfangen kann. Wohnungen und Häuser können sich verändern, die Städte können sich sukzessive verändern, obwohl am Anfang gar kein Eingriff in die Architektur stattfindet. Das Projekt muss nicht genau so ausgeführt werden. Es gibt ein paar Meilensteine, das sind die Bahnhöfe, und ein paar Ideen, die dahinterstecken. Aber im Prinzip kann jeder Künstler oder Techniker etwas damit anfangen. Der Aspekt, dass man im Großen, in Infrastrukturen, denken muss, wird oft vernachlässigt, was zivilisierte Räume anbelangt. Je weniger Infrastruktur da ist, umso ärmer und schwieriger sind die Lebensbedingungen. Trotzdem wird sehr wenig über Infrastruktur nachgedacht.

Wenn man sich ansieht, was im Bereich „Mobilität" zur Zeit so vorgestellt wird, dann sieht man zwei Tendenzen, die beide auf einer Mikroebene stattfinden. Das eine sind neue individuelle motorisierte Mobilitätssysteme: kleinste motorisierte Vehikel auf der einen Seite, und am anderen Ende der Skala sehr viel „Do It Yourself" für Lastenfahrräderbau, für Kombination von Fahrrad und Elektromotor. Du greifst das ja auf, aber Du sagst es funktioniert nur – und da bist Du ja ein klassischer Modernist – wenn wir parallel ein ganz großmaßstäbliches Infrastrukturprojekt haben, nämlich die Vernetzung.

Durch diese Mikromobilität werden Ressourcen in den großen Strukturen frei, also die U-Bahnen werden frei und in ihnen werden die Güter transportiert, die im Moment die Straßen blockieren. Hier kommen drei Gedankenspiele zusammen: Die modernistische Idee von Großinfrastrukturen, Umnutzung von vorhandenen Strukturen, und drittens die Fokussierung auf Mikromobilität, auf Kleinmobilität im Nahbereich. Das zusammen gibt sehr spannende neue Möglichkeiten, wie Europa als gemeinsamer Raum gelebt werden kann.

Z wie Zusammenleben

Tomáš Sedláček ist ein sehr bekannter Ökonom aus Tschechien. Er hat ein Buch namens „Die Ökonomie von Gut und Böse" geschrieben. Ressourcen sind die Basis der Ökonomie und heute leben wir in einem System, in dem wir Ressourcen ausnützen und verschwenden. In Ihrem Buch zeigen Sie die Geschichte des wirtschaftlichen Denkens auf. Gab es jemals Wirtschaftssysteme, die anders mit Ressourcen umgegangen sind?

Ja, so ein System gab es: in Rivendell in Mittelerde. Aber was nutzen wir aus? Ist es nicht eine Ironie, dass die Natur zu einer natürlichen Ressource geworden ist? Dass Menschen Human Resources – HR – geworden sind? Diese Objekt-Subjekt-Vertauschung sieht man aber auch schon in der Theologie. Gott schafft den Menschen und gibt ihm etwas so Verwundbares, dass er sich in der christlichen Religion am Ende selbst opfern muss. Eine Ressource, die wieder zurückgeführt werden muss – re-sourced. Manche Theologen sagen, er habe die Menschen mit Freiheit ausgestattet, das ging nach hinten los, und so geriet Gott in eine Situation, in der er sich selbst opfern musste, um das Problem zu lösen. Shit happens. Auf allen Ebenen. Aber das ist uns Menschen auch passiert.

Wir haben Technologien erfunden, auch ein System – Kapitalismus, Kommunismus, Demokratie – und es ging nach hinten los. Das ist zum Beispiel die Idee hinter dem Film „Matrix". Wir schaffen eine künstliche Intelligenz, Maschinen oder Technologie, um Wohlstand zu erlangen, um es uns leichter zu machen, und am Ende kommt es zu einer Objekt-Subjekt-Vertauschung und wir werden zu Sklaven der Technologie. So

muss man auch die „Occupy Wall Street"-Bewegung lesen.
Wir haben ein System, die Marktwirtschaft, geschaffen, damit es uns dient. Und es hat uns gedient. Wir sind alle sehr reich und sehr schön, weil wir unsere Cremen benutzen und so weiter. Aber ist das nicht auch eigentlich eine Falle? Zwingt uns das System nicht in Situationen, die wir selbst nicht genießen? Das ist das Problem, das zum Beispiel Marshall McLuhan von einem soziologischen Standpunkt her formuliert. Wenn man etwas zu sehr zum Fetisch macht, dann versklavt es einen. In unserer heutigen Zeit machen wir Wirtschaft oder Wohlstand zu sehr zum Fetisch und sind zu ihren Sklaven geworden. Das kann man heutzutage sehr gut in dieser Schuldendebatte sehen. In der Vergangenheit haben wir mehr Schulden angehäuft, um mehr Freiheit zu haben, damit wir uns etwas kaufen können, um zu fühlen, dass wir sind, wer wir glauben, wir haben ein Recht darauf zu sein. Wir sind Sklaven der Schulden. Darüber regen sich alle Politiker auf. Vor allem der frühere französische Präsident Sarkozy sagt: „Ich muss jetzt tun, was die Märkte sagen, dass ich tun muss." Die Ratingagenturen sagen den Politikern also, was sie tun müssen. Der Grund dafür ist, dass wir uns in eine Situation manövriert haben, in der die Schulden unsere Herren sind.

Ich bin Designtheoretiker und glaube als solcher stark, dass wir Systeme ändern und Dinge designen können. In Ihrem Buch schreiben Sie aber es gäbe einen signifikanten Unterschied zwischen der Wirtschaft und einem Sessel. Ein Sessel kann mit einem zugrunde liegenden Plan designt werden. Die Wirtschaft aber ist vielleicht ein bisschen designt, es gibt aber einen riesigen unterbewussten irrationalen Einfluss außerhalb dessen, was man als designbar bezeichnen kann.

Ja, das ist in der Jungschen Terminologie der „Schatten". Gehen wir zum persönlichen Design: Manchmal wünschte man, man könnte sich designen. Ich wünschte beispielsweise, ich würde am Morgen Joghurt essen wollen. Ich hasse Joghurt. Aber ich wünschte, ich würde es mir wünschen. Aber ich wünsche es mir eben nicht.
Ich wünschte mir, ich würde mir abends nicht wünschen, in die Bar zu gehen. Vor allem wünsche ich mir am Samstagmorgen, ich würde es mir am Freitagabend nicht wünschen. Aber immer, wenn der Freitagabend kommt, wünsche ich mir Dinge, die ich mir nicht wünschen sollte. Es gibt ein schönes Zitat vom Herzog von Rohan, das besagt, dass Könige ihre Untertanen herum schicken, aber die Könige selbst von ihren Wünschen herumgeschickt werden.
Im Alten Testament gibt es auch ein schönes Zitat: Ein Mann, der sich kontrollieren kann, ist mächtiger als ein Belagerer großer Städte. Und hier liegt das Problem der Selbstbeherrschung, das man nicht nur in der christlichen Ideologie, sondern in allen Traditionen findet. Warum hat Pandora die Büchse geöffnet? Mit einer kleinen Kosten-Nutzen-Rechnung hätte sie das nicht getan. Es war nicht nur irrational, es war einfach dumm. Und ich glaube es war Jacques Lacan, der sagte: „Ich weiß sehr genau, dass ich das nicht tun sollte, aber ich tue es trotzdem." Jetzt scheint es so, als sei um-

gekehrtes persönliches Design die richtige Lösung. Im rationalen, analytischen Denken sind also Emotionen schlecht, wir sind so leicht beeinflussbar.
Im Sinne Kierkegaards ist ein gutes Leben eines, in dem man Eines will – er hat zu diesem Thema ein ganzes Buch geschrieben. Und dann kommen die Emotionen und ich gehe in die Bar, esse kein Joghurt und rede mit Mädchen, mit denen ich nicht reden sollte. Mein Gegenargument hierzu ist, dass wir oft Unheil mit Emotionen assoziieren. Man wird beispielsweise wütend und schlägt jemanden oder schreit die Kinder an und so weiter. Ich würde radikalerweise sagen, dass in der Geschichte der Menschheit „rationale Sünden" zu finden sind und diese sind viel gefährlicher als „irrationale Sünden". Jemand betrinkt sich und tötet jemanden aus Wut und schläft mit jemandem, mit dem er nicht schlafen sollte – das ist so zirka das Schlimmste, was man als Person tun kann. Das sind emotionale Sünden. Am nächsten Tag wacht man auf und es tut einem leid.
Wenn man aber einen wirklichen Krieg anfangen will, muss man aber in erster Linie nüchtern sein. Man muss rational sein, man muss einen Plan haben, man braucht jemanden für PR, man braucht Gesellschaft, eine Kampagne, etc. Und am Schlimmsten: Es gibt kein Bedauern. Das ist der Punkt bei Zygmunt Bauman, einem sehr bekannten polnischen Soziologen, der in Bezug auf den Holocaust sagt: Das war kein Versehen, es war keine Sünde im Sinne des Versehens, kein Ausrutscher in der modernen rationalen Zeit, es war genau das Gegenteil: Das Resultat aus einer rationalen Kalkulation OHNE Emotion. Selbst wenn ich wüsste, wie ich mich designen könnte, wäre es sehr schwer, das zu tun.

Wir haben alle versteckte Emotionen, aber die Wirtschaft ist kein Subjekt. Sie hat nicht diese intrinsischen Motivationen wie Angst, Liebe, Hass, die wir als Subjekte alle haben. Sie beschreiben die Wirtschaft als etwas wie zwischen Mensch und Tier, wie ein lebendes System. Ich dachte immer die Wirtschaft sei ein System, das nicht von sich aus intelligent ist, das wir als Organisationsstruktur erfunden haben, aber das nicht von sich aus denkt.

Man liest in der Zeitung: „Die Märkte fürchten dieses oder jenes." Was sagen die Zahlen, was wollten die Märkte? Ich bin ein Wirtschaftstheoretiker, daher muss ich zum Glück nur theoretische Antworten geben, und selbst in der Wirtschaftstheorie glauben wir an die göttliche Inszenierung eines uninszenierten Inszenierers, der eigene Intelligenz und eigenen Willen besitzt und wir nennen ihn „die unsichtbare Hand des Markts". Wir haben hier also einen Vertrauensvorschuss á la Kierkegaard: „Führe uns in die Zukunft!" Der erste Imperativ im harten Kern der Wirtschaftswissenschaften ist: „Misch Dich nicht ein, inszeniere nichts." Die Probleme beginnen, wenn man mit seiner (politischen, technischen) Intelligenz einzugreifen beginnt.
Kennen Sie Milan Kundera, den tschechischen Autor? Ist das nicht sein Leitmotiv? Jemand, normalerweise ein Mann, beginnt ein Spiel oder eine Affäre mit einer Frau

(normalerweise), eben weil er glaubt, er habe die Kontrolle. Er spielt dieses Spiel und alles ist gut, bis dieses Spiel ein Eigenleben entwickelt. Das Objekt ist tot, aber trotzdem lebendig. Selbst ein sexuelles Spiel kann eine Eigendynamik und ein Eigenleben entwickeln. In Kunderas Geschichten wird der Puppenspieler dann zur Marionette. Das Spiel spielt mit ihm, nicht umgekehrt. Das sieht man sogar in Kindergeschichten, zum Beispiel in Aladin und die Wunderlampe. Die magische Id-Maschine, die alle Wünsche erfüllt, bei der der Dschinn die Kontrolle erlangt, wenn man mit ihr spielt. So auch beim Golem und bei vielen anderen Geschichten, in denen man ein Geschenk bekommt. Alle Wünsche werden erfüllt, aber im Endeffekt bekommt man Probleme. Am Ende dieser Geschichten steht man entweder da wie am Anfang oder noch schlechter. Der Punkt hier ist, dass unsere wirklichen Wünsche unkontrollierbar sind. So kann man auch „Stalker" von Andrei Tarkowski lesen: Da gibt es eine Zone, die alle Wünsche erfüllt. Ein reicher Mann, dessen Bruder krank ist, zahlt eine Menge Geld an diese Stalker, um dorthin zu gelangen. Dort wünscht er sich, dass sein Bruder gesund wird. Als er zurückkommt, ist sein Bruder tot und er gewinnt im Lotto. Die Zone hat also die wirklichen Wünsche erfüllt und nicht, was er wünschte sich zu wünschen.

Wenn ich das richtig verstehe, ist meine gigantomanische Idee, dass die Wirtschaft Design unterworfen ist, falsch. In ihrem Buch haben Sie aber eine Reflexion darüber, was maximiert werden muss. Da gibt es utilitaristische Ideen, was maximiert werden sollte – aber auch der wirtschaftliche Profit könnte maximiert werden. Etwas zu maximieren ist doch immer das Ziel jeder Wirtschaft. Könnte also der Schlüssel zum Ändern unsere Wirtschaft sein, zu fragen, was maximiert werden soll?

Absolut. Wenn man maximiert, gibt es die Falle der Fetischisierung. Wenn man etwas fetischisiert, dann versklavt es einen. Das passiert aber nicht nur in der Wirtschaft, sondern auch in der Ethik. Was war das Problem, das Jesus mit den Pharisäern hatte? Sie fetischisierten Ethik. Wie bei Kundera: Sie hatten die Sache getötet, sie sah zwar lebendig aus, aber sie war tot, das Leben war woanders. Wir haben die Wirtschaft fetischisiert, und jetzt ist sie etwas Totes. Sie hat ihre Seele verloren. Das ist meiner Meinung nach der Aufschrei der Occupy-Bewegung: „Gebt dem Zombie die Seele zurück oder er wird uns alle zerstören!" Jesus meinte: „Gebt der Ethik die Seele zurück. Wenn Euer Kind am Sabbat stirbt, dann muss man ihm helfen können." Maximierung bedroht uns nicht nur in der materiellen Welt, sondern auch in der spirituellen oder ethischen. Ich glaube in der Zeit vor der Krise verkauften wir Stabilität und kauften Wachstum. Jetzt müssen wir – und das machen wir langsam auch – Wachstum verkaufen und Stabilität kaufen.

—

Paulus Hochgatterer ist Psychoanalytiker und Schriftsteller. Er ist analytisch und produzierend kreativ tätig. Hier interessiert uns: Was ist ein Konflikt?

Ich illustriere den Konflikt: Ich möchte die Möbel wechseln, die Firma Wittman hört nicht zu – das ist ein inszenierter Konflikt.

Es gibt eine einfache Lösung: ein anderes Möbel bringen lassen.

Da bin ich aber noch nicht zufrieden. Oder: Wohin stelle ich das Sitzmöbel?

Aber ein Psychoanalytiker würde doch fragen: Warum fühlen Sie sich denn nicht wohl mit dem Möbel? Wegen des Möbels als solchem oder wegen der Bedeutung des Möbels, dass sie Repräsentant für etwas sein müssen, was sie nicht wollen?

Ein Konflikt wäre beispielsweise, dass mir Ihre Rolle als Moderator nicht passt. Ich setze mich lieber hinter Sie und stelle ein hierarchisches Gefälle her, das mir vertraut ist und mit dem ich mich wohler fühle. Das wird Ihnen nicht passen und dann wäre ich zufrieden.

Ich glaube, das ist etwas extrem Österreichisches.

Die Psychoanalyse ist etwas extrem Österreichisches. Auf einer Illustrierungsebene kennzeichnet einen Konflikt, dass er Differenz und Interessen braucht – manchmal fällt das zusammen – und auch den Affekt. Unser Konflikt würde davon leben, dass es Sie zornig oder unruhig macht, wenn ich mich hinter Sie setze und Sie darauf nicht vorbereitet sind. Wir können uns auch gemeinsam auf dieses Multifunktions-Chaiselongue-Möbel setzen.

Da käme dann vielleicht mein Affekt dazu.

Ich möchte heute über Konflikte sprechen, weil es produktive und unproduktive Konflikte gibt. Sie haben hier ein unproduktives Konfliktmuster beschrieben. Wir könnten aber doch auch einen Konflikt haben, über den wir ein Problem lösen. Wenn wir zum Beispiel herausfinden wollen, warum Sie wollen, dass ich irritiert bin oder dass es ein hierarchisches Muster gibt oder warum die Möbel schlecht seien.

Das ist das Idealmodell der Psychoanalyse. Ich erzeuge in Ihnen ein Unbehagen und dann reden wir darüber, warum Sie eines haben – so lange, bis es wieder weg ist.

Ich sitze auf der Couch, das war die falsche Botschaft!

Was mich am Thema Konflikt interessiert, ist eine Position in meinem Fach – Konflikt und Kind und Konflikt und Psychiatrie. Besonders interessieren mich die paradigmatischen Verschiebungen der letzten Zeit. In der (Kinder)psychiatrie war es lange Zeit so: Wenn man eine Basispolarität zwischen dem Kind und der Gesellschaft annimmt – wir haben heute so viel über Natur und Ordnung gesprochen – wenn man die Polarität zwischen der geordneten Gesellschaft und dem wilden Kind annimmt, dann war die Kinderpsychiatrie lange Zeit eindeutig auf der Seite der ordnenden Gesellschaft. Inzwischen hat sich die Kinderpsychiatrie – und ich kann nicht verhehlen, dass mir das nicht ganz unsympathisch ist – auf die Seite des wilden Kindes geschlagen. Eine zweite sehr interessante Verschiebung ist, dass die ursprüngliche Konzeption Konflikt sei etwas primär ödipales (das Kind will die Mama heiraten, Papa ist im Weg, daher hat das Kind einen Konflikt mit dem Vater, den das Kind idealerweise durch Identifikation löst) – diese Figur des Primärkonflikts hat sich in eine viel frühere Lebensphase verschoben. Der Primärkonflikt wirkt sich, wenn er nicht gelöst wird, viel schwerwiegender aus als das Nichtfunktionieren des ödipalen Konflikts. Es ist der Konflikt zwischen dem Kleinkind bzw. dem Säugling und seiner Mutter. Der österreichisch-amerikanische Psychiater René Spitz hat ihn so schön beschrieben: Das Kind liegt an der Brust der Mutter und wird gestillt. Irgendwann hat es genug und schüttelt in der Abwehr der mütterlichen Brust den Kopf – und das ist die Wurzel des wichtigsten Wortes, das es in der menschlichen Sprache überhaupt gibt: Nein. Das Gelingen dieses Urkonfliktes ist für die Entwicklung des Kindes wesentlich wichtiger als das Gelingen der ödipalen Situation.

In unserer gesellschaftlichen Form ist das bevorzugte Mittel der Konfliktlösung der Konsens. Was das für das Kind und seinen Papa heißt, male ich mal nicht aus. Sie können es sich vorstellen. Hier spielt Design als das große verdrängte Thema des Industriedesigns eine große Rolle: es war in der Waffenproduktion immer bedeutend, denn es gibt keine besser designten Industrieprodukte als Waffen. Das ist zumindest in den erfolgreichen Ländern der Fall, denn die, die es schlecht machen, verlieren dann den Krieg und haben keine eigenen Waffenproduktion mehr. Da haben wir dann ja eher das ödipale Muster oder den totalen Totschlag.

Mord, Totschlag und Waffenproduktion sind ja eine Folge des Nichtgelingens des ödipalen Konfliktes. Mein Verdacht ist aber der, dass wo „Konsens" draufsteht, meist „Herrschaft" drinnen ist und Konsens eine Behauptung ist und nicht etwas, das tatsächlich stattfindet.

Im Designfeld gibt es eine neue „Disziplin", die sich „emergency design" nennt. Sie ist das Gegenüber von Krisenmanagement und beschreibt ein Design, das bewusst maximale Stresssituationen herbeiführt, um Lösungen zu finden. Aus einer anderen

Perspektive wird das von Naomi Klein in ihrem Buch „Schocktherapie" reflektiert, in dem sie sagt, dass von manchen gesellschaftlichen Akteuren bewusst maximale Krisensituationen hergestellt werden, um dann im Schatten dieser Krisensituationen bestimmte Regelungen durchzusetzen, die es sonst nicht gegeben hätte (Überwachung und Terrorgesetze, wie wir sie heute haben, hätte es ohne 09/11 nicht gegeben).

Das ist ein Konfliktdesign, das ich für sehr problematisch halte, aber es sind entworfene, gestaltete Prozesse. Das ist höchst problematisch und im Umgang mit Kindern und den Psychodisziplinen, sofern sie Kinder betreffen, ja nichts Neues. Der Alarmismus im Umgang mit Kindern, wie wir ihn alle kennen, zielt genau in diese Richtung. Man spricht von Millionen von ADHS-Kindern, um Medikamente ausreichend abzusetzen. PISA – Studien etc. kennen wir ja alle. Die Kinderpsychiatrie ist eine Disziplin, die diese artifiziell erzeugten Apokalypsen nicht braucht. Krisensituationen gibt es bei uns auch einfach so.

Die Familienaufstellung ist ein Entwurfssetting, eine Anordnung, in der Konflikt herbeigeführt wird mit nicht anwesenden Personen. In der Abstraktion als problemlösendes Modell ist dies sehr spannend. Ist das eine Strategie, die man auf andere gesellschaftliche Bereiche übertragen kann? Oder funktioniert das nur mit Familie, weil ich die immer in mir trage? In der Politik zum Beispiel?

Man macht im Parlament kurz eine Aufstellung?

Das würde ja vielleicht gut tun!

Frau Merkel in der Rolle der bösen Mutter?

Nein, Frau Merkel in der Rolle vom bösen Steinbrück oder Herr Schüssel in der Rolle von Haider. Das hätte ja vielleicht Probleme gelöst.

War er das nicht gelegentlich? Ich bin hoffnungslos österreichisch psychoanalytisch verdorben und daher diesen dramatisch-hysterischen Methoden gegenüber skeptischer. Ich glaube nicht an die Nachhaltigkeit von Aufstellungen. Obwohl ich katholisch und nicht protestantisch bin, glaube ich eher an die Folgen von Arbeit.

Und Sie haben sofort erkannt, dass ich Protestant bin und den Wunsch nach mehr Irrationalität habe.

Irgendetwas habe ich gespürt, ja.

Auch wenn wir diesen Konflikt nicht gelöst haben, werde ich weiter versuchen, wie man den Konflikt in den Designprozess produktiv integrieren kann. Aber einen Gefallen werden wir Ihnen tun: Wir tauschen jetzt die Möbel.

S wie Selbstsein/Seele
Milli Bitterli ist ausgebildete Tänzerin und Tanzpädagogin.

Ich denke hier an Kunst und Körper, und dabei an Unterbrechung, weil der Körper das ist, was uns unterbricht in unserem Flow, etwa durch gute oder schlechte Nachrichten von einem Arzt. Als Repräsentantin des Körpers frage ich mich, brauche ich diese Möbel? Und ich nehme sie weg. Ich finde sie zwar sehr schön, aber wenn wir die Welt entwerfen, müssen wir radikaler vorgehen als uns auf schöne Designs zu verlassen. Der Körper bleibt uns auch unverständlich, und das ist seine Kraft, sein Potential. Es ist nicht angenehm, man selbst zu sein. Es ist dieser Ort der Peinlichkeit. Wir sind zu dick, haben zu viele Haare am falschen Ort und zu wenig Haare an einem anderen Ort. Wir stinken manchmal, und das ist uns unangenehm. Dieses Unangenehme kaschieren wir dann vielleicht mit Design. Selbstsein heißt auch, nicht an einen Endpunkt kommen und unvorbereitet sein. Du hast nicht erwähnt, dass ich eine Aktion mit dem Publikum machen soll.

Das haben wir überlegt.

Ich mache so etwas sehr ungern, denn ich bin jemand, der normalerweise auf der Bühne performt und das Publikum in Ruhe lässt. Aber wenn ich die Welt neu entwerfe, dann muss ich etwas tun, was ich sonst nicht tue. Du hast ja vorher Yoga angesprochen, wo uns jemand etwas vormacht und wir machen das nach. Oder alles ist inszeniert, wie eine Wanderung und auf der Hütte gibt es Flatscreens. Alles ist super designt und ich frage mich, ob dieses ganze Design und diese ganzen Körpertrainings uns eigentlich nicht mehr aus unserem Körper rausbringen als rein.
Tanzen setzt Denken in Bewegung um. Man gibt sich einem Risiko, die Kontrolle zu verlieren, hin. Wir müssen uns zu etwas hinbewegen. (wirft Rollen mit Backpapier ins Publikum) Sie müssen sich da so ein Viereck herunter reißen. Das Schöne ist ja, dass man etwas nicht wiederholen kann, und das spricht ja auch gegen Design.

Es gibt schon die Idee, dass man Situationen designen kann. Dass es auch um das Vergängliche geht und nicht immer um diese fertigen Produkte. Wir hören Knistern aus verschiedenen Richtungen, mich erinnert dieses Papier an Weihnachtsbäckerei. Das ist eine Situation, die wir herstellen durch das Setting, das du herstellst.

In das ich geworfen wurde. Bei der Frage um den Körper muss ich immer anfangen mit: Wie geht es mir jetzt? Wer bin ich jetzt? Wo befinde ich mich jetzt?

Das finde ich sehr interessant. Wir haben ja vorher versucht, einen Konflikt herzustellen und als sehr kontrollierter Protestant bin ich in dem Moment, in dem das rein verbal stattfindet, absolut nicht zu verunsichern. Aber jetzt bin ich tatsächlich rausgebracht aus der Situation und fühle mich auch anders.

Das finde ich gut, das ist ein Anfang! Wir sind und werden alle informiert, aber wir müssen von der Information auch getroffen werden.

Ich habe mir das ja auch nach Tomáš Sedláček und Harald Gründl gedacht: Wir wissen ja eigentlich unglaublich viel, zum Beispiel über den Klimawandel. Wir wünschen uns auch, dass wir uns anders verhalten würden, machen es aber nicht. Wir haben also eher ein Handlungsproblem als ein Wissensproblem.

Genau, und erst die Tat macht es aus. Diese Tat muss gesetzt werden. Ein Tanz ist für mich Bewegung, die eben nicht nachgemacht ist, nicht das Vorausdenken der Entscheidung. Machen Sie sich locker, aber machen Sie nichts nach. Wir stehen auf, spannen dieses Papier vor uns und atmen tief ein, halten dieses Papier auf unseren Mund und blasen auf dieses Papier. Das ist jetzt schon eine Bewegung. Was aber fehlt, ist die Entscheidung. Um zu tanzen braucht es diesen Moment von „Es kommt, es kommt, es kommt!" Ich treffe die Entscheidung, sage „So!" und gebe mich hin. Das ist der nächste Schritt. Wir werden jetzt ein Gespräch führen, und immer, wenn Sie das Gefühl haben, es verändert sich körperlich etwas – und es verändert sich ja ununterbrochen etwas – es kommt eine Emotion hoch oder Sie haben das Gefühl, Sie müssen sich dazu äußern – dann blasen Sie auf dieses Backpapier und zeigen uns, dass sie in den Tanz kommen mit uns in diesem Gespräch.

Also ich habe schon bemerkt, dass ich ein Problem mit der rechten Nasennebenhöhle habe, die habe ich schon lange nicht mehr gespürt.

Es fängt immer an den Orten an, wo man es am wenigsten vermutet.

Ich habe bemerkt, dass ich mir so diese 1,5 m^2 hier als meinen Platz ausgesucht habe und den nicht verlasse. Auch das Publikum hat sich nicht bewegt.

Aber sie bewegen sich doch! Das Publikum tobt, es bebt, merkst Du das denn nicht? Verlasse Du mal Deinen Ort. Manchmal muss einen jemand anderer schubsen.

Es verändert nicht viel, wenn ich mich hierhin begebe.

Das verändert es sehr wohl, Du bist neben Arno. Mit Arno verändert sich die Welt immer. Du musst die Lippen mehr zu machen, damit es quietscht.

—

Judith Fegerl ist Künstlerin und beschäftigt sich mit der Schnittstelle Mensch-Maschine.

Da möchte ich gleich zu Beginn am Beispiel Sesseltausch den Begriff näher erklären. Es geht um einen Berührungspunkt von zwei Systemen. Damit diese Systeme miteinander kommunizieren können, muss man sie einmal auf ein gleiches Niveau bringen. Eine Maschine kann im Prinzip alles sein, das ist in meiner Arbeit sehr weit definiert. Ich spreche den Sesseltausch an, denn was wir hier haben, ist das korrealistische Instrument von Frederick Kiesler, und es ist eigentlich auch eine Maschine. Es ist ein Möbelstück, das man verwenden kann, wie man will – auch als Tisch zum Beispiel. Der Designer hat sich damit beschäftigt, dass es Möbelstücke, Architekturen oder Systeme gibt, die sich um den Menschen gruppieren, sodass der Mensch mit seinen Bedürfnissen im Mittelpunkt steht. Dies ist ein sehr anpassungsfähiges Instrument, eine Maschine. Indem wir sie benutzen, schließen wir uns kurz, kommunizieren wir mit der Maschine, mit einem Ding. Das sind die „Dinge", die wir machen, die Welt, die wir gestalten. Das ist letztlich alles: Sessel, unser Körper, Architektur, Infrastruktur, Städte, die ganze Welt. Als Künstler kann man sich etwas herauspicken und verschiedene Themen behandeln. In meinem Fall ist es diese Kombination von Lebendigem und allen Dingen, die wir schaffen.

Das große Versprechen des zeitgenössischen Marketings ist es ja, dass diese Dinge und Räume uns beeinflussen und formen. Dass wir uns in ihnen ausdrücken. Damit beschäftigst Du Dich ja in Deiner Arbeit, besonders mit Räumen.

Mich interessiert grundsätzlich, was der Raum machen würde, wäre er uns nicht unterworfen. Das betrifft auch das Thema Seele: Wir sitzen hier in einem Kirchenschiff. Da ist man früher hingegangen, um seine Seele zu retten. In der Kunst habe ich mich auch mit der Frage beschäftigt, was das Museum, der museale Raum, ist. Mittlerweile ist er ein Neutralraum, der White Cube, ein beliebig bespielbarer Raum. Wie ein Holodeck, um andere Dinge zu projizieren. Die Institutionskritik in der Kunst hat sich explizit mit diesem bespielbaren Raum beschäftigt. Ich habe versucht, diesen musealen Raum im Hinblick auf die Maschine, die Anschlüsse, auf den Menschen hin, zu hinterfragen.
In meinem Projekt aus 2010 wurde ein Museumsraum hinsichtlich seiner Infrastruktur freigelegt. Ein Museumsraum ist heute idealerweise ein weißer Raum, damit die Kunstwerke wie in einem sakralen Raum präsentiert werden und nichts davon ablenkt. Wir verhalten uns im Museum auch wie in er Kirche: Wir sind leise, bedacht,

lesen, ehrfürchtig, kommen uns hinsichtlich der künstlerischen Position minderwertig vor, weil wir sie ja nicht ganz verstehen können. Diese Arbeit zeigt, was dahinter liegt: Im Kunstraum in der Herrengasse in Wien wurden alle Leitungen freigelegt, Wände aufgestemmt und abgerissen. Alle Fenster des historischen Gebäudes waren verblendet worden, die habe ich freigelegt. Alle Stromleitungen wurden freigelegt, alle Computer und Lichtleisten entfernt. Bei der Eröffnung war es finster.

Wie haben die Leute sich verhalten?

Durch die Straßenbeleuchtung war es nicht so finster wie gedacht. Die Leute haben sich zurechtgefunden. Anfangs dachten sie, der Aufbau sei nicht fertig und trauten sich nicht rein. Sie wurden reingeworfen in eine Situation, die sie nicht erwartet hätten. Wir sind uns dessen nicht bewusst, wie viel Infrastruktur nötig ist, um eine Skulptur zu präsentieren oder ein Video abzuspielen.

Also eine Art Psychoanalyse des Raums, um Dahinterliegendes sichtbar zu machen.

Es wird auch die Organik des Raumes sichtbar. Wir bauen, was unserem eigenen Bauplan gleicht: ein Adernsystem, ein Energietransportsystem, Eingänge, Ausgänge. Im Reverse Engineering wird unsere Natur auf alles angewendet, was wir künstlich produzieren. Der Raum war für die Dauer der Ausstellung seiner dienenden Funktion enthoben. Er war nutzlos und hatte nur das Sein als Aufgabe. Die Räume erfahren eine Emanzipation gegen ihren Schöpfer. Es handelt sich um ein Hinzufügen von Freiheitsgraden, um eine Ermächtigung. Sie werden ihrer Funktion enthoben und es wird das Sein zur Aufgabe. Die Arbeit „Simulating Intelligence" ist zwei Jahre lang in der Kunsthalle Wien gelaufen. Es handelt sich um Lichtspiele wie von Computern der 60er und 70erjahre, wie der Scanner von „KITT", weil dieser ein Indikator war, dass die Maschine denkt, intelligent ist. Der architektonische Körper der Kunsthalle hatte also einen Indikator, dass innen etwas passiert.

Du warst dieses Jahr auf der documenta. Du sprachst davon, dass Architektur uns dient. Dort gab es ein Kunstwerk für zwei Hunde und Bienen, das ist die einzige Arbeit, die mir einfällt, die nicht für Menschen ist.

Es gab auch ein ganzes anderes Haus, das ausschließlich Kunstwerken gewidmet war, die die Kommunikation von Mensch und Tier oder von Tier zu seiner Umwelt gezeigt haben, zum Beispiel ein „Haus für Schweine und Menschen". Es gab auch eine Schwanbehausung.

Verschiebt sich das? Ist dem Menschen Dienen nicht mehr so im Vordergrund?

Ich glaube, es findet ein Umdenkprozess statt, wobei man ja immer nur sein direktes Umfeld wahrnehmen kann. Wir sind sehr privilegiert und nehmen die Bewegungen „zurück zur Natur" wahr, aber das ist für die Weltbevölkerung nicht repräsentativ. Eine weitere meiner Arbeiten wurde am österreichischen Kulturforum in New York, das von Raimund Abraham gebaut wurde, gezeigt. Das Gebäude ist sehr technisch, von Kopf bis Fuß verkabelt. Die Arbeit wollte, dass das Gebäude eine andere Wahrnehmung erfährt und das Licht, während niemand im Haus arbeitet, sich kontraproduktiv verhält. Das Haus erfährt eine Störung, eine Dysfunktion, und darüber eine Emanzipation.

Dysfunktion und Emanzipation sind ja auch Begriffe, die man bei „Seele" im Hinterkopf behalten muss.

K wie Kulturelle Transformation

Wir Kulturschaffenden stellen uns ja auch den Anspruch, einen Beitrag zur Gesellschaft zu leisten – einerseits als Spiegel, vielleicht auch an manchen Punkten als Innovatoren und Entwickler neuer Ideen. **Airan Berg** ist bei der Kulturhauptstadt Linz tätig und bald Leiter des Kulturhauptstadtprojektes in Mannheim. Als Kulturmanager bekommt er Geld in die Hand, um kulturelle Projekte an einem Standort zu machen, der sich dann positiv verändern soll.

Die drei Projekte, die ich vorstellen möchte, haben gemeinsam, dass man zu Beginn gesagt hat: „Das wird nicht gehen. Es ist logistisch nicht machbar, inhaltlich zu komplex, niemand wird mitmachen wollen. Alle haben gut funktioniert und hatten im Mittelpunkt das Thema „Kommunikation und Körper in Bewegung."
Die Klangwolke war ein Projekt mit über 1000 Freiwilligen und hatte das Thema „Überleben und Flut". Es gab eine Werkstatt mitten in Linz. Vier Monate lang sind über 1000 Menschen gekommen und haben diese wunderbaren Tiere von Roger Titley aus Südafrika zusammengebaut – Bankdirektoren und Arbeitslose, Studenten und Pensionisten haben miteinander gearbeitet. Linz hat sich an die Proben auf den Straßen mit den Tieren gewöhnt. Das war die beste Kommunikation für das Projekt an sich. Die so gebauten Tiere mussten vor der Flut fliehen, die Tiere wissen so etwas ja immer als erste und suchten einen Ausweg. So haben wir uns auf den Stadtplatz zubewegt, wo 30 000 Menschen auf uns gewartet haben und wir konnten gar nicht gehen. Das hat alle Erwartungen übertroffen. Bei der Schlussveranstaltung waren 130 000 Leute. Für eine Stadt von 170 000 ist das ziemlich gut. Das Cultural Capital sind die Menschen, wir sind nur Vermittler.
Dieses Projekt hat sich dann verwandelt: Ich wurde von einer kleinen Foundation eingeladen, die ein Tanz- und Performancefestival macht, das e-Dance Festival. Wir sollten es machen und in die Stadt hinauszutragen – und das in einer Stadt mit 20

Millionen Leuten. Wir machten ein Projekt über das Zusammenleben von Menschen und Tieren und vier Meter große Katzen sind auf LKWs durch Istanbul gefahren. In einem Bildungs- und Kreativitätsprojekt gehen wir in die Schulen und implementieren mit LehrerInnen und SchülerInnen Kreativität, indem passiert, was die Kinder und Jugendlichen wollen. Wir gehen davon aus, dass alle Kinder begabt sind, aber sie sind auch anders begabt. Dieses Projekt heißt „I like to move it move it". Wir haben in allen Schultypen gearbeitet, in Maastricht hat dieses Projekt auch in einem Jugendgefängnis stattgefunden. Die Jugendlichen entscheiden auch, ob es eine Aufführung gibt und wo. Durch Andersdenken sollen Menschen zur Bewegung motiviert und vernetzt werden. Es geht um spielerisches Lernen und Schule ohne Angst vor Fehlern sowie um Teamwork, Spaß und Selbstbewusstsein.

Menschen erleben ein Miteinander, ihre eigene Kreativität, und kommen in Bewegung. Es gibt aber einen zweiten, traurigen Moment. Warum geht das nur im Raum kultureller Projekte? Was ist das für eine Gesellschaft, die diese Art von Bespielung braucht, um Gemeinschaft zu erfahren?

Hier geht es um die Veränderung einer Stadt, zum Beispiel durch eine Persönlichkeit wie Roger Titley. Dann erfährt man, dass es viele engagierte motivierte Menschen gibt, die alle Welterneuerungssysteme schon erfunden haben, man muss sie nur besser vernetzen. Das ist unsere Schwäche. Diejenigen, die das nicht wollen, haben große Netzwerke. Aber es gibt diesen Ripple-Effekt, und was wir machen, hat vielleicht irgendwann ganz große Auswirkungen. Teilnehmer aus meinem Herzensprojekt, dem Schulprojekt, sagen Jahre später, dass sie noch immer davon profitieren, denn sie sind als Schule mutiger geworden.

Ein großer Kritikpunkt an Projekten wie Kulturhauptstädten ist, dass der Tourismus angekurbelt wird, das Stadtmarketing usw., aber dass nicht so viel bleibt. Ist Deine Erfahrung die, dass die Projekte auch in den Alltag der Menschen eingehen und doch etwas bleibt?

Wir haben in Linz immer gesagt, wir sind Kulturhauptstadt und keine Kunsthauptstadt – das sind die gescheiterten. Wir haben uns auf die Stadtgesellschaft und Stadtentwicklung konzentriert. Heute gilt Linz als Beispiel einer Kulturhauptstadt. Die Kommission sagt nun, dass Kulturhauptstädte mehr in Schulen machen müssen, und das ist auch unserem Projekt zu verdanken. Das erschüttert schon ein System, denn die Lehrer wollen dann etwas anderes und wir konnten das Projekt auch in anderen Ländern in Europa probieren und weiter adaptieren. Der Hunger danach wird immer größer. Aber es gibt auch viele andere wunderbare Projekte in Schulen.

Wie würdest Du die systemverändernde Wirkung von Kunst und Kultur beschreiben? Bringen Künstler ihre Ideen und Imaginationen in die Welt oder entwickeln durch die Beschäftigung mit Kunst Menschen selbst ihre Visionen und sind dann zu einer Veränderung bereit?

Beides. Künstler sind Theoretiker und Praktiker zugleich. Sie haben eine Theorie hinter dem, was sie tun. Durch die Techniken, die sie erlernt haben, haben sie aber auch einen sehr direkten Zugang zu Menschen. Ich hoffe, dass man durch solche Projekte auch Potentiale befreit. Wir haben eine Finanzkrise, eine Global Resource Crisis, aber wir haben auch eine Human Resource Crisis. Wir verschwenden auch menschliches Potential. Ich glaube, hier ist der direkte Zugang von Künstlern nötig. Die Menschen haben Probleme mit den vielen Krisen. Wir hören von der Umweltkrise und sehen, der Himmel ist blau und wir haben zu essen – irgendwann verschließen wir uns. Menschen brauchen positive Geschichten, um an ihr Potential zu gelangen. Jeder Schüler erzählt seine Geschichten weiter. Diese positiven Bilder verändern vielleicht mehr als alle Negativnachrichten.

Du beschreibst einen Kulturbegriff mit großer gesellschaftlicher Verantwortung. Ich bin Befürworter eines solchen Kunst- und Kulturbegriffes, kenne aber viele Künstler, die mit nachvollziehbarer Berechtigung sagen, es sei die Freiheit der Kunst einfach nur Kunst zu sein und nicht für Problemstellungen in Beschlag genommen zu werden.

Kunst ist auch ein Verarbeiten von gesellschaftlichen Fragestellungen. Schattenspieler in Indonesien und Bali kommen ein paar Stunden vor der Aufführung in ein Dorf und erfahren über dessen Probleme. Die werden dann aufgeschrieben, mitten im Stück wird improvisiert und die Alltagsprobleme, politische Fragestellungen, Umwelt- und Beziehungsprobleme werden in die Geschichte eingebaut. Der Schattenspieler ist aber trotzdem ein großer Künstler. Kunst hat Raum für das alles. Ich wollte immer mit den Mitteln, die ich zur Verfügung habe, den Finger in die Wunde zu legen und Dinge zu sagen, die gesagt werden müssen. Irgendwann war der geschützte Raum des Theaters nicht genug. Ich habe an den Projekten auch selbst gelernt und ich brauche mittlerweile die Mischung. Ich habe mich sehr stark mit Puppentheater beschäftigt, und das hat sehr viel mit der Kreativität des Publikums zu tun und man muss davon ausgehen, dass jemand zu einem kommt. Mich interessiert heute die Fantasie und Kreativität von „the public". Da muss ich auch manchmal hingehen, und das finde ich sehr „rewarding".

—

WZGÜZSK. Auf den ersten Blick ein Wortungetüm, auf den zweiten Blick ein breiter Fächer von Handlungsmöglichkeiten. Wir können die Welt, in der wir leben, verändern, gestalten. Gestaltung ist dabei ein weiter Begriff – er umfasst die grundlegenden Bedingungen unseres Lebens, aber genauso auch unser Zusammenleben oder die Art, wie wir selbst sind. Ergebnis dieses Entwurfsprozesses sind Räume, Produkte, Kunstwerke, aber auch Empfindungen, Denkhaltungen, Erfahrungen. WZGÜZSK umreißt als Matrix des Weltentwerfens die unendliche Fülle kreativen, schöpferischen Handelns. In dem Maße, in dem es den faszinierenden Freiraum schöpferischen Handelns aufzeigt, verweist er aber auch auf die Verantwortung, die schöpferische Menschen haben. Sie sind es, die die Ideen, Imaginationen und Wunschbilder dessen kreieren, was wir das »gute«, das »richtige«, das »schöne« Leben nennen. Und damit prägen sie die Vorstellungen und Träume, nach denen wir die Welt gestalten. Neben die Freiheit tritt also auch die Verantwortung, ohne die Entwerfen nicht zu denken ist.

DAS PERFORMANCE-PRINZIP
VOM NEUEN ZWANG, EIN DARSTELLER ZU SEIN

Christoph Bartmann

Kürzlich sticht mir, an einer Pinwand im Café, ein Aushang ins Auge. Seine Überschrift: „Tanz Dich! Management von innen." Angekündigt wird ein „Performance-Workshop + Coaching". Der Workshop will „Unsichtbares sichtbar machen"; als Pate hat man John Cage aufgeboten und seinen Satz: „If you celebrate, it is art. If not, it's no art." Die gute Nachricht: „Es werden keine Tanzerfahrungen vorausgesetzt", eigentlich klar, denn ich soll ja mich tanzen und nicht etwa einen Tanz. Man kennt solche Angebote für Menschen, die, wie wir alle, einen „kreativen Traum", einen „Wunsch nach Veränderung" haben. Man kennt die breite Szene, die sich heute zwischen Kunst hier und Psychotherapie dort erstreckt. Was wir so noch nicht kannten, ist „Management von innen". Natürlich reden wir routiniert von Selbstmanagement, Krisen- oder Risikomanagement, aber was hat das mit Tanz zu tun? Hätte man vor ein paar Jahren die Wörter „Tanz", „Kreativität", „Performance", „Potential" und „Management" in einen inhaltlichen Zusammenhang gebracht, hätte man Kopfschütteln ausgelöst. Heute ist das anders. Tanz ist Management von innen, weil in beiden einstmals getrennten Sphären dasselbe Prinzip waltet. Nennen wir es das Performance-Prinzip.

Noch ist es nicht lange her, dass man das Wort „Performance" im deutschen Wörterbuch vergeblich suchte. Heute bezeichnet Performance mit steigender Tendenz alles, worauf es im Leben ankommt, nämlich Aktion vor Beobachtern. Wenig kann unter zeitgenössischen Bedingungen keine Performance sein – eigentlich nur noch das, was im Verborgenen stattfindet. Performance nennen wir zum Beispiel die Bewegung eines Aktienindex. Performance verspricht uns der Bankberater für unsere Kapitalanlagen, Performance heißt unsere sexuelle Leistung beziehungsweise Leistungsfähigkeit, die durch performancesteigernde Präparate verbessert werden kann. Auch für die Angst um die eigene sexuelle Performance gibt es ein Wort („performance anxiety"). Performance ist, mit einem Wort aus der Informatik, das „Zeitverhalten" von Programmen, Kursen, Geräten und eben auch Personen. In den meisten Fällen lässt es sich messen, in jedem Fall aber zeigen und bewerten. Auch meine Leistung oder Nichtleistung am Arbeitsplatz heißt jetzt Performance. Wenn wir sagen, der Kollege habe eine mittelprächtige Performance abgeliefert, beschreiben wir damit nicht nur, was man einmal Leistung nannte, sondern immer gleich auch ihre Darstellung, Präsentation und Verwertung. Auch an Arbeitsplätzen, die früher den Gesetzen der Performance entzogen waren, dominiert jetzt das Performance-Prinzip. Wir präsentieren, stellen dar, führen auf und wissen dabei manchmal selbst nicht mehr, ob das, was wir Arbeit nennen, nun eher Tanz oder Management ist, oder beides.

In den letzten Jahren haben sich die Sphären der bildenden und darstellenden Kunst hier und des Managements dort miteinander angefreundet. Manager präsentieren sich mit Stolz als Kunstsammler und -kenner, und Künstler sind, als freie Unternehmer und „Kreative", zum Rollenmodell für abenteuerlustige Manager geworden. Das ist insofern erstaunlich, als lange Zeit die Künste der Wirtschaft skeptisch, teils auch feindselig oder nur ahnungslos gegenüber standen, was von der Wirtschaft dann mit ähnlichen Einstellungen quittiert wurde. Allenfalls kritisierte die Kunst, man denke an Joseph Beuys, die vorherrschende Wirtschaftsweise und bot spielerische Alternativen. Man kann sich inzwischen fragen, ob die Kunst das Management gekapert hat oder aber umgekehrt das Management die Kunst. Die zweite Annahme würde von der zunehmenden Ökonomisierung aller Lebensbereiche ausgehen, was fraglos stimmt, aber zu kurz greift. Eher ist es so, dass die Künste, genauer die „contemporary art", auf die Welt der Wirtschaft übergegriffen hat. Jeder Mensch sei ein Künstler, hatte Beuys gesagt und damit Recht behalten. Wer heute etwas auf sich hält, verhält sich auch als Nicht-Künstler wie ein Künstler – mit dem Ergebnis, dass jeder Künstler, der etwas auf sich hält, sich wie ein Nicht-Künstler verhalten muss. Ehedem eine mal beneidete, mal verspottete Randfigur der bürgerlichen Gesellschaft, ist der Künstler in ihre Mitte aufgerückt. Die neue Konvergenz von Künstler und Manager steht im Zeichen der Performance. Natürlich meinen Künstler und Banker weiterhin Unterschiedliches, wenn sie von Performance sprechen, aber dennoch meinen sie etwas Verwandtes: man könnte es die Zeit der Leistung nennen, die Zeit der Darstellungsleistung. Ich performe, also bin ich, diesen Satz unterschreibt nur derjenige nicht, der es im Leben lieber zu nichts bringen möchte.

Neben all den anderen Wortbedeutungen ist „Performance" auch der Name für eine höchst erfolgreiche Kunstform, die in vieler Hinsicht das alte Schauspieler-, Regie- und Stücketheater abgelöst hat. Performance ist aber nicht nur der Nachfolger des „klassischen" Stücks, sondern auch der des künstlerischen Artefakts alten Stils. Hervorgegangen aus Einflüssen wie Dada, dem Situationismus und Artauds „Theater der Grausamkeit" hat sich „Performance Art" seit den sechziger Jahren zu einem neuen Hybrid zwischen Theater, Tanz und bildender Kunst entwickelt, gegen die manche älteren Kunstformen museal wirken. Eine Weile sprach man vom Happening, später dann von der Aktion, heute hat sich das Wort Performance flächendeckend durchgesetzt. Performance ist kein Drama, kein Stück, sie hat kein Skript, sie ist, mit einem mächtigen Wort, ein „Prozess", an dem Akteure, die keine Schauspieler oder Darsteller sind, mit ihrer leiblichen Präsenz beteiligt sind. Der Performer spielt nicht, schon gar kein Stück, er agiert in der Zeit, und keine seiner Aufführungen ist wie die nächste. Der Performer beteiligt uns Zuschauer an einem Zeitverhalten, für das es keine Vorschrift gibt. An die Stelle der Spielregel ist der existentielle Einsatz des Darstellers getreten. Natürlich gibt es daneben noch immer das herkömmliche Sprechtheater, aber es verliert an Bedeutung. Wer will heute noch nach Vorgaben spielen, nach einem

Skript, das „nur noch" inszeniert werden muss? Lieber setzt man sich wie Marina Abramovic ein paar Wochen lang stumm ins New Yorker MoMA und lässt die Kette der Besucher an sich vorbei defilieren, ohne dass sonst etwas geschieht. „Time based art", also zeitbasierte Kunst, heißt diese nicht mehr ganz neue Strömung, entstanden vor Jahrzehnten aus dem Happening, aber inzwischen in ein ganz neues Stadium eingetreten. Das Happening war vor allem Provokation und lustvolle Verweigerung, die Performance dagegen siedelt näher am Ritual, sie ruft alte, auch religiöse und liturgische Formen des Zeitverhaltens wach, man denke an das Ritual der Prozession. Überall ist jetzt Performance, und das legt die Frage nahe, was früher an derselben Stelle war. Performance bezeichnet eine Sache irgendwo im Begriffsfeld zwischen „Show", „Aufführung", „Ausstellung" und „Präsentation" und bezeichnet doch etwas anderes. Performance bezeichnet den Zustand oder das Schicksal der Künste, namentlich der theatralen, im Zeitalter der Selbstregierung, der von Michel Foucault so getauften „Gouvernementalität", in der die Wünsche der Regierenden an uns mit unseren Wünschen an uns selbst so sehr harmonieren, dass die Regierung sich sozusagen auf das Controlling unserer Selbstführung beschränken kann.

Performance ist nach alledem nicht gleichzusetzen mit Show. Es gibt in ihr keine Täuschung, keine Illusion und kein „Als ob". Alles ist echt, das Blut, der Schmerz, die Tränen. Marina Abramovics Weltruhm verdankt sich diesem Versprechen. Performance heißt demnach die Stunde der Wahrheit und das Ende des Spiels, ob nun in den Charts, im Bett oder auf der Bühne (auf der allerdings kein Stück mehr geboten wird). In der Performance stehe ich selbst auf dem Spiel, nicht als Darsteller und Rollenspieler wie einstmals im Leben und Theater, sondern als Performer meiner selbst. Performance ist ein anderes Wort für den Ernstfall, in dem wir uns beweisen müssen. Der Name des Ernstfalls ist Identifikation. Früher lag es nahe, sich am Arbeitsplatz nicht zu sehr zu identifizieren, sei es mit der Arbeit selbst oder mit der Stelle, die man einnahm. Die Arbeit, könnte man sagen, war auch dem entsprechend. Wie hätte die Identifikation eines Fabrikarbeiters oder eines Bauern mit seiner Arbeit ausgesehen? Es war wohl der Normalfall, dass man seine Arbeit wenn nicht hasste, dann doch selten liebte. Inzwischen haben sich unsere Arbeitsplätze weithin vermenschlicht, nicht nur weil uns Maschinen manche gröbere Tätigkeit abnehmen, sondern auch weil sich Arbeitgeber um unser Wohlergehen kümmern und weil sie uns glauben machen, beim Arbeiten würden unsere besten Kräfte beansprucht, allen voran unsere Kreativität. Kreativität, ein Wort, das erst durch die amerikanische Arbeitspsychologie der Nachkriegsjahre in Umlauf kam, ist der neue Standard, die neue Normalität unserer Arbeitsplätze. Weil wir glauben, am Arbeitsplatz kreativ zu sein, können wir unsere Arbeit nicht mehr hassen. Sonst würden wir uns selber hassen. Die Kreativität ist ja kein erlerntes Handwerk, keine Fertigkeit, sondern eine Gabe, an der wir uns im Leben ebenso messen lassen wie im Beruf. Die

Kreativität ist unser Potential, und der Ort, an dem wir es ausschöpfen und damit zeigen, wer wir sind, sind unsere Büros. Wenn sich heute Kunst und Management auf Augenhöhe begegnen, geschieht das im Geiste „identifizierter Arbeit". Künstler und Manager, zumindest im Selbstbild, sind Menschen, die den Unterschied zwischen Arbeit und Freizeit nicht kennen, die in Räumen, die, einerseits white cube, andererseits minimalistisch-gläsernes Chefbüro, einander immer mehr ähneln, vorwiegend immaterielle Arbeit leisten. Beide Typen, sagen wir der Konzeptkünstler, der ehemalige Industriehallen eher mit Ideen als mit Objekten „bespielt", und der Broker in der Finanzindustrie, der die Schulden der einen in den Reichtum der anderen verwandelt, erschaffen Wert aus fast nichts. Genau dann und deshalb sind sie „kreativ". Während freilich in Künstlerkreisen das Wort Kreativität inzwischen als peinlich empfunden wird, drängen alle ehemaligen Nicht-Künstler, etwa Friseure, Werber, Köche und eben auch Manager mit Macht nach der Kreativität. Kreativität hat sich normalisiert, sie ist eine Ressource geworden, die wir im Tanzworkshop ohne weiteres „abrufen" können. Was ist so attraktiv an dieser verallgemeinerten Kreativität, das sie es ist, die uns Tag für Tag auf Trab hält? Kreativität muss nicht heißen, dass unsere Arbeit künstlerische Produkte oder gar Werke abwirft – das tut sie auch beim Konzeptkünstler schon lange nicht mehr. Kreativität heißt, dass ich für meine Performance selbst einstehe, und zwar als ungeteiltes, identifiziertes Subjekt, nicht etwa als Arbeitnehmer oder Rollenspieler, der sich jederzeit verweigern oder in die innere Emigration abmelden kann. Ich bin nur, soweit ich performe, präsentiere, sichtbar bin – es sei denn, es gelänge mir, selbst meine Unsichtbarkeit erfolgreich als Performance zu verkaufen.

Fragt man nach der Vorgeschichte dieser neuen Konstellation, landet man in den frühen fünfziger Jahren. Performance, Kreativität, Management, von alledem hatte man in Europa noch nicht viel gehört, als von Amerika her neue Wörter und Phänomene ins allgemeine Bewusstsein drangen. Performance: man denke etwa an Jackson Pollocks „action painting", in dem auf einmal der Produktionsprozess wichtiger war als das Werk, in dem das Malen oder „Drippen" selbst zur Performance wurde. Das Museum kann nur die erstarrten Ergebnisse solcher „art in action" präsentieren; der entscheidende Moment hat vorher stattgefunden, in der Zeit des Werdens und des Prozesses. Was in Pollocks „action painting" zur Aufführung gelangte, war keine Repräsentation eines gesetzten Themas, sondern der Akt der Malerei selbst. Weniger die Kunst der Performance wird hier vorgeführt, sondern die Performance der Kunst. Malen ist Handeln, so wie Sprechen Handeln ist. Zur selben Zeit entwarf John L. Austin seine folgenreiche Sprechakttheorie, in der er zeigte, wie wir mit bestimmten Wörtern Dinge tun, statt sie etwa nur zu bezeichnen. Schon immer bezeichnet das Wort „Performance" im Englischen sowohl den Vollzug einer Handlung wie deren Aufführung, seit den fünfziger Jahren dehnte sich die Wortbedeutung dann auf Verläufe und Prozesse aller Art aus, deren Gemeinsames darin bestand, weniger von Anfang und Ende bestimmt zu sein als von ihrer Basis in der Zeit. Auch beeinflusst durch Austin hat sich in der Folge die Praxis der Performance auf breiter Front durchgesetzt, in der Kunst ebenso wie Alltagsleben. Performance, diese Kunstpraxis irgendwo zwischen Theater, Tanz und bildender Kunst, ist dem Menschenbild und Subjektverständnis des neuen, kognitiven und immateriellen Kapitalismus näher als jede andere Kunstform. Es geht nicht um Werke, im Büro so wenig wie in der Galerie. Es geht um Präsentationen. Der Nachweis unserer Lebendigkeit gelingt nicht mehr durch Werke, sondern durch das, was wir präsentiert haben.

Wer Performance sagt, sagt Sichtbarkeit. Wer Sichtbarkeit sagt, sagt Zuschauer, Beobachter, Analytiker, schließt in jedem Falle ein Gegenüber ein, das meine Performance registriert, misst und bewertet. Wenn ich meine berufliche Leistung innerhalb eines gesetzten Zeitraums als Performance bezeichne, dann heißt das: ich stelle meine Arbeit dar. Ich stelle sie vor und ich stelle sie aus. Ich bin gleichsam ein Exhibitionist meiner Arbeit, in dessen Tun die Öffentlichkeitsarbeit, das „Seht her" untrennbar mit der Arbeit selbst (wenn dieser Unterschied noch trägt) verbunden ist. Man kennt denselben Exhibitionszwang von bildenden Künstlern: nicht länger geht es darum, im Atelier entstandene Werke sodann im Schauraum auszustellen, vielmehr werden Werke gleich auf den Ausstellungsraum hin entworfen, als „site specific" Installation, die kein Dasein außerhalb der Ausstellung mehr kennt. Das Dauer-Exhibitive ist der Ausdruck einer kulturellen Situation, die Kunst und Arbeit gleichsam unter Lebendigkeitszwang stellt. Nichts soll dem Blick entzogen sein, nichts soll außerhalb des Schauraums stattfinden; was zählt, ist die Aufführung und Präsentation der Leistung vor Zeugen. Der Werk-, der Arbeits- und der Leistungsbegriff haben sich unter zeitgenössischen Hochaufmerksamkeitsbedingungen, geleitet wahrscheinlich vom Berufsbild des Börsenhändlers, der rund um die Uhr der Bewegung immateriellen Geldes um den Erdball folgt, dramatisch verändert. Wir alle sind zu Extremisten unserer Berufsausübung geworden, die an sich Maßstäbe anlegen, die früher allenfalls im Hochleistungsbereich galten, etwa im Sport oder in der Kunst. So wie sich die aus der Kunst stammenden Kreativitätsvorstellungen normalisiert haben, hat sich die Vorstellung von mittlerer, durchschnittlicher Arbeitsleistung und Belastbarkeit verflüchtigt. Das „unternehmerische Selbst" findet man nicht nur, wo man es erwarten würde, in den Chefetagen der Unternehmen, sondern in jedem mittleren Büro, wo Angestellte trotz eingeschränkter Bezahlung den Traum vom entfesselten, künstlerisch-unternehmerisch selbstidentifizierten Dasein träumen und mit ihren Smartphones die ehedem der Freiheit und Freizeit vorbehaltenen Zeitzonen nachhaltig verseuchen. Der neue Konformismus des rastlosen Performers hat sein Rollenvorbild ironischerweise im Nonkonformismus des Künstlers. So wie dieser die Nacht zum Tage macht, weil es die Inspiration gebietet und kein Dienstplan verbietet, kann der Büro-Performer noch spätnachts ein paar Powerpointfolien für die morgige Präsentation fertigen und sich dabei, wenn schon nicht wie ein Künstler, dann wie ein Held fühlen.

Das Performance-Prinzip hat uns fest im Griff, fast gleich in welchem Berufsfeld wir arbeiten. Performance ist das Prinzip unserer gegenwärtigen Freiheit. Wir müssen keine fremden Stücke mehr nachspielen, wir dürfen uns unsere Vorgaben und Ziele selber setzen, wir werden nicht mehr geführt, sondern nur noch „controlt", „gecoacht" und „gemonitort", wir befinden uns in einem Freiheitsregime, das uns immer weniger sagt, was wir zu tun haben, weil es mit Recht erwartet, dass wir selbst wissen, was wir zu tun haben, und dass sich unser Tun mit den allgemeinen Erwartungen deckt. Die neuen Zwänge kommen fast ohne die alten Zwangsmittel aus, die uns früher einmal am Arbeitsplatz in die innere Emigration, die Entfremdung und Depression trieben. Man könnte denken, dass selbstregierte, hoch identifizierte Performer, sei es in der Kunst oder im übrigen Leben, nicht mehr an den alten Berufskrankheiten erkranken. Wie auch, sind sie nicht im Reich der Freiheit angekommen, in dem sie endlich ihre eigenen Potentiale und Kreativitäten ausleben dürfen? Man kennt andererseits die Lebens- und Leidenserzählungen von Über-Performern. Sie leisten nicht nur am Arbeitsplatz und in ihrem Familienleben Außerordentliches, sie gehen auch in der verbleibenden Freizeit über sich hinaus, als Triathleten, Extremsportler, und sei es nur, weil das Potential es gebietet. Man kennt aus den Medien die Absturzgeschichten der hochperformanten Kreativsubjekte. Ihr Leiden heißt nicht mehr Depression, sondern Burnout. Voraussetzung für den Burnout ist freilich, dass jemand brennt. Hätte man früher einen Büroangestellten nicht für verrückt erklärt, wenn er behauptet hätte, für seinen Job zu brennen? Hat etwa Kafka für die Prager Unfallversicherungsanstalt „gebrannt"? Das Brennen ist zur Normaltemperatur des performativen Bürosubjekts geworden. Das Ausbrennen ist dann nur eine Frage der Zeit.

Vor lauter Präsenz, Performanz und Kreativität haben wir uns heiß gelaufen und wissen nicht mehr, wer wir sind. Der Extremismus der performance-orientierten Lebensführung führt unweigerlich in die Burnout-Klinik – und aus ihr wieder heraus in neue Phasen der Rekreation und Rehabilitation, in der wir uns den Extremismus wieder, diesmal aber „achtsam" antrainieren. Man müsste gegen diesen neuen Konformismus der übermäßig Leistungs- und Darstellungsfrohen zum Widerstand aufrufen. Aber worin würde er bestehen? In der Verweigerung der Performance? Aber dann blieben wir ja unsichtbar? Genau, die Voraussetzung für die Wiederherstellung unserer Souveränität wäre unsere Unsichtbarkeit. Die Nicht-Präsentation. Von wem könnte man diese Kunst des Rückzugs lernen? Von Künstlern vielleicht, sicher nicht von Performance-Künstlern, sondern von Künstlern des Rückzugs. Vielleicht von dem „alten litauischen Regieassistenten im grauen Kittel", dem der Autor und Regisseur René Pollesch einen kurzen, aber eindringlichen Text gewidmet hat. „Er ist alt und trägt einen grauen Kittel, und sein Selbst bleibt vollkommen unausgedrückt. Der holt mir keinen Kaffee und erzählt sich dabei eine Geschichte oder träumt von einem diffusen Bereich, der allen offen steht. Der holt mir einfach nur meinen Kaffee. Der schreibt einfach seine Probenpläne. Sein grauer Kittel kann keine Geschichte erzählen einer Selbstverwirklichung. Dessen Selbst bleibt völlig unausgedrückt.“ Das ausdruckslose Selbst, im grauen Kittel: vielleicht stellen solche Figuren ja etwas von der Würde wieder her, die uns Subjekten durch das Performance-Prinzip abhanden kam.

SWARM GOVERNANCE IN ORGANISATIONEN

Michael Hengl, David Rohrmann, Alexander Brink

1 Organisationsbionik

Die Vollendung dezentraler Koordination findet sich in der Natur. Stare fliegen in einer Formation, die der Zahl Eins ähnelt, Ameisen synchronisieren sich beim Bau eines Verkehrsweges, Heringe orientieren sich in Schwärmen und Wanderheuschrecken fressen im Kollektiv ganze Gebiete kahl. Für den Menschen am augenfälligsten ist die Tatsache, dass sich solche Aggregationen wie eine Art „Superorganismus" gemeinsam in eine bestimmte Richtung bewegen, aber auch plötzlich ihre Richtung ändern. Die Evolutionstheorie führt ein solches Verhalten auf mindestens zwei Vorzüge zurück: Vorteile bei der Nahrungssuche und der bessere Schutz vor Fressfeinden. Beides stellt eine überlegene Anpassungsleistung an eine spezifische dynamische Umwelt dar. Forscher haben herausgefunden, dass verschiedene Schwärme nach ähnlichen Mechanismen funktionieren. Die physiologische Basis dieses Mechanismus, die es den Individuen eines Schwarms ermöglicht, sich in der beobachtbaren Synchronizität zu bewegen, wird in den Spiegelneuronen vermutet. Die Relevanz von Schwarmverhalten in modernen Organisationsformen ist eines der zentralen Forschungsgebiete der Unternehmensberatung 1492.// GmbH. Gerade die bionische Implementierung von Governanceformen, nach Vorbild der Natur, zeigt deutliche Verbesserungen der kollektiven Anpassungsfähigkeit im organisationalen Kontext.

2 Regeln und Funktionsmechanismen des Schwarms

Als biologischer Urvater der Schwarmforschung hat seit jeher die Ameisenkolonie gedient. Später kamen Bienenstöcke, Fisch- und Vogelschwärme hinzu. Grundlegender Erklärungsansatz ist der methodologische Individualismus: Was muss der einzelne Agent tun, um die Phänomene des Kollektivs zu ermöglichen. Durch Computersimulation gelang es Craig W. Reynolds in den vergangenen Jahren interessante Ergebnisse ans Licht zu bringen. Er konnte einen Zusammenhang zwischen individual-based models und cellular automata herstellen. Die Agenten orientieren sich dabei an drei grundlegenden Entscheidungsregeln, denen Kohäsion, Separation und Alignment zugrunde liegen.

1. *Bewege dich in Richtung des Mittelpunkts derer, die du in deinem Umfeld siehst (Kohäsion).*
2. *Bewege dich weg, sobald dir jemand zu nahe kommt (Separation).*
3. *Bewege dich in etwa in dieselbe Richtung wie deine Nachbarn (Alignment).*

Aus der Aggregation der individuellen Befolgungen dieser Regeln ergibt sich die Gesamtstruktur des Schwarms. Überträgt man diese einfachen Regeln auf den

Menschen, so bildet sich auch hier Schwarmverhalten aus, z.B. in einer Fußgängerzone. Man spricht von Emergenz. Aus der Koordination der Individuen entsteht in der Struktur oder im Verhalten des Schwarmes etwas Neues – beispielsweise eine plötzliche Richtungsänderung –, das prima facie nicht individuell zuschreibbar ist. Emergenz birgt jedoch nach wie vor eine Erklärungslücke. Die auf Individuen gerichtete Sicht setzt den Schwarm aus einfachsten und erst ziellosen Prozessen zusammen. Bisweilen sind die resultierenden Bewegungen sogar kontraproduktiv. Als Ganzes betrachtet, ergibt dann vieles einen Sinn und evoziert den Eindruck einer zielgerichteten Bewegung des Kollektivs.

> *"The individual member of a large colony cannot possibly perceive the actions of more than a minute fraction of its nestmates; nor can it monitor the physiological condition of the colony as a whole. Yet somehow everything balances out" (Wilson 1971: 226).*

Diese selbstorganisierte Gerichtetheit wird dem Beobachter als Muster bewusst oder tritt, wie Rupert Sheldrake es formuliert, als formgebende Verursachung zutage (vgl. Sheldrake 1981). Schon selbstorganisierte Muster aus der Physik (z.B. Wellen) und aus der Chemie (z.B. Schneekristalle) rufen oftmals den Eindruck einer Zielsetzung oder eines Sinns hervor. Schwärme basieren als biologisches Phänomen zusätzlich zu den physikalisch-chemischen Naturgesetzen noch auf einer zweiten Dimension, nämlich Verhaltensgesetzen, welche die Interaktionen bestimmen. Diese sind im Gegensatz zu den Naturgesetzen einem konstanten Evolutionsdruck ausgesetzt, welcher eine hohe Adaptionsfähigkeit des Schwarms durch die Regeln, als auch eine Anpassungsfähigkeit der Regeln selber nach sich zieht (vgl. Camazine et al. 2001: 13). Diese Meta- oder Musterebene der Regeln bestimmt die Governance eines Schwarms und besteht aus folgenden vier Mechanismen: Feedback, Transparenz, Diversität und Befähigung.

Feedback

Als erstes ist augenfällig, dass Schwärme ohne zentrales Kommando oder traditionelle Führung agieren und reagieren. An dessen Stelle tritt eine effektive Selbstorganisation, welche vor allem auf Regelkreisen basiert, sogenannte Feedbackschleifen. Negatives Feedback kommt zum Einsatz, wenn eine unerwünschte situative Diskrepanz verringert werden soll. Es dient immer der Abschwächung. So wird durch die Ausschüttung von Insulin der Blutzuckerspiegel reguliert, falls er vom Sollzustand abweicht. Oder man beginnt zu zittern, wenn man friert, und hört auf, sobald einem wieder warm genug ist. Negative Feedbackschleifen (weg von Schlechtem) sorgen für Kohärenz, Stabilität und laufen auf ein Equilibrium zu. Positives Feedback hingegen fördert Veränderung, indem es Impulse in eine bestimmte Richtung in genau diese Richtung verstärkt (hin zu Gutem). Glühwürmchen blinken nach der einfachen Regel: Ich blinke, wenn du blinkst.

Nestbaukolonien funktionieren nach dem ähnlichen Prinzip: Wenn du hier ein Nest baust, baue ich auch eines. Positive Feedbackschleifen haben daher immer den Effekt der Verstärkung. Sind positive und negative Feedbackmechanismen intelligent gekoppelt, kann ein System in hohem Maße selbstorganisiert, also ohne fremdes Korrektiv funktionieren.

Transparenz

Damit die Feedbacksysteme individuell und kollektiv funktionieren, sind Schwärme von einer möglichst schnellen und relevanten Informationsverarbeitung abhängig. Durch transparente Zielsetzungen und Rückkopplungen, die nahezu in Echtzeit ablaufen, sind die faszinierenden Synchronizitäten in der operativen Bewegung, aber auch in der taktischen Formation und strategischen Ausrichtung erst möglich. So kann ein Schwarm nicht nur blitzschnell von links nach rechts abdrehen; er kann auch von Verteidigung auf Angriff umschalten oder von Nahrungssuche zu reiner Fortbewegung wechseln. Das macht Schwärme extrem flexibel und schlagkräftig, wenn es darum geht, sich schnell und effektiv an die Umgebung anzupassen. Eine hohe Transparenz und schnelle Informationsverarbeitung sind damit als adaptive Kapazität direkt überlebenswichtig für den Schwarm.

Diversität

Die Vielfältigkeit von Individuen innerhalb eines Schwarms ist Voraussetzung dafür, dass bestehende Organisationsfelder und die dazugehörigen Verhaltensmuster in konstanter Evolution bleiben. Die Weisheit der Vielen ist die kreativ-schöpferische Kraft, welche dem Schwarm das notwendige Innovationspotential sichert, um sich im Selektionsdruck behaupten zu können. Eine zu strenge Normierung von Verhaltensweisen über die notwendigen Grundregeln hinaus lässt jede kollektive Intelligenz kollabieren. So wirken faschistische Systeme einem pluralistischen Schwarm diametral entgegen. Wenn in einem menschlichen Schwarm alle exakt das Gleiche denken, dann ist die Masse genauso schlau oder dumm wie der Einzelne. Es muss Raum für Vielfalt in der Haltung und im Verhalten geben, damit ein Schwarm, wie es schon Amöben tun, Unzweckmäßiges vernachlässigen und Neues verstärken kann.

Befähigung

Um das Überleben und die Entwicklung eines Schwarms zu sichern, sind Schwärme nicht nur diversifiziert, sondern auch hochgradig redundant. Das ist eine wichtige Eigenschaft von komplexen gegenüber komplizierten Systemen. Wenn man ein einziges Rädchen aus einer Schweizer Präzisionsuhr entfernt, ist sie nicht mehr funktionsfähig. Wenn eine Ameise oder ein Star stirbt, lebt der Schwarm weiter. Die Gratwanderung besteht darin, Individuen mit genug Befähigung auszustatten, um globale Defizite bei Bedarf lokal kompensieren zu können und gleichzeitig den latenten Einfluss Einzelner möglichst gering zu halten, damit sie ersetzbar sind. Dann sind Schwärme robust gegenüber dem Ausfall einzelner Individuen und in der Konsequenz extrem widerstandsfähig bei internen oder externen Schocks.

3. Die Governance einer Schwarm-Organisation

Lange Zeit haben Wissenschaftler intelligentes Schwarmverhalten nur bei Tieren, allen voran bei der Ameise, vermutet. Schwarmintelligentes Verhalten findet sich aber auch bei menschlichen Lebewesen. Komplexe Entscheidungsprobleme, die das Individuum alleine nicht lösen kann, werden durch kollektive Intelligenz lösbar. Erstmals beobachtet wurde diese „Weisheit der Vielen" auf einem Markt im Jahre 1906. Die Marktbesucher sollten das Gewicht eines Ochsen schätzen. Trotz einer vermeintlich geringen Intelligenz der durchschnittlichen Besucher ergab das durchschnittliche Urteil vieler eine sehr genaue Schätzung der Gewichtsbeurteilung des Ochsen. Diese Schätzung war genauer als die einzelner Experten wie beispielsweise die von regionalen Metzgern. Das waren zumindest die Eindrücke des britischen Gelehrten Francis Galton. Er selbst berichtete später darüber in der hoch renommierten Zeitschrift Nature (vgl. Surowiecki 2007: 7ff.).

Heutzutage gibt es zahlreiche andere Beispiele für kollektive Intelligenz. Das Internet zeigt die Dynamisierung von Wissen über Blogs, Wikis und Social Media wie Facebook oder Twitter. Schwarmartige Verhaltensweisen sieht man auch an den komplexen Kapitalmärkten, da Volatilitäten, die die Preisschwankung einer bestimmten Anlageform anzeigen, kaum vorhersagbar sind und damit Irritationen und Unsicherheiten bei den Anlegern verursachen können. Generell gilt für große Gruppen: Je brisanter die Situation ist, umso geringer ist der Individualabstand und umso stärker ist die Anpassungsfähigkeit des Einzelnen. Neuere Trends in der Organisationsforschung machen sich Erkenntnisse aus dem Schwarmverhalten bzw. der kollektiven Intelligenz zunutze. Ziel ist es, durch adäquate Governance, also Regeln und Steuerungsmechanismen, dynamische und komplexe Probleme im organisationalen Gruppenverbund zu lösen, der über die traditionellen Hierarchien hinausgeht.

Ein Beispiel verdeutlicht die Unterschiedlichkeit der Bewertung von Governanceformen in Abhängigkeit von der Beschaffenheit der Umwelt. Die britischen Generäle Nelson und Wellington waren beide herausragende Strategen und Heeresführer. Während Wellington als Feldmarschall auf dem Schlachtfeld Napoleon die berühmte Niederlage bei Waterloo beibrachte, focht Nelson die Seeschlacht von Trafalgar zu Gunsten der Engländer aus. Wellington war so erfolgreich, weil er seine Truppenaufstellungen und -bewegungen quasi im Mikro-Management akribisch plante und strengstens kontrollierte: eine klassische hierarchische Organisation. Demgegenüber war Nelson bekannt als Makro-Manager, der seine

Kapitäne mit einer klaren Zielsetzung, Befugnissen und einem übergeordneten Verständnis statt detaillierten Bewegungsabläufen ausstattete. Zudem war in Trafalgar ein permanentes Nachsteuern erfolgskritisch: Insgesamt kommt das einem Schwarmgefüge sehr nahe.

Der Hintergrund, warum beide Befehlshaber so erfolgreich waren, ist die gänzlich unterschiedliche Situation. Auf festem Grund sind Landschaft, Truppenbewegungen, das Wetter, der Nachschub kaum Schwankungen unterlegen und gut berechenbar bzw. planbar. In diesem Fall ist Wellingtons Hierarchie die richtige Wahl, in der eine zentrale Person oder Steuergruppe über Zwischenstationen Anweisungen an alle Gruppenmitglieder ausgibt. Vorteile sind eine klare Ausrichtung und disziplinierte Umsetzung durch das Informations- und Machtmonopol. Zudem weist die Organisation in einem statischen Rahmen eine äußerst hohe Effizienz durch Skalierbarkeit der Operationen und Prozesse aus. Die Gefahr sind lange Kommunikationswege und damit Reaktionszeiten, Gewöhnung an Routine, welche zu Veränderungsresistenz führt und dem Verlust der Sinnstiftung durch ein fehlendes Gesamtverständnis.

Auf See hingegen sind Dynamik und Interdependenzen aller Beteiligten und der Rahmenbedingungen exponentiell. Das Wetter, der Wind, die Positionen der Schiffe, alles kann sich blitzschnell ändern. Hier ist die Governance von Nelsons Schwarm klar im Vorteil. Dabei handeln einzelne Individuen und Gruppierungen relativ autonom innerhalb eines gemeinsamen Feldes auf Attraktoren hin ausgerichtet. Diese dezentrale Informationsverarbeitung zieht geringe Reaktionszeiten bei hoher Geschwindigkeit und Flexibilität nach sich. Die Macht ist ebenfalls dezentral verortet, da sich Individuen für gemeinsame Leistungsziele gegenseitig in die Verantwortung nehmen. Dies begünstigt gegenüber der Hierarchie, dass emotionale Bindekräfte stärker zu Tage treten und auf die formelle Organisation einwirken. Gefahr geht von entgleisten positiven Rückkoppelungen (hystery hype cycles) bei zu geringer Unterschiedlichkeit aus. Auch sind im Schwarm naturgemäß weniger Möglichkeiten zur Steuerung oder Kontrolle vorhanden, was zumindest in erster Instanz verglichen mit einer Law & Order Organisation ein höheres Risiko der Auflösung und Verselbstständigung an den Grenzen des Schwarms mit sich bringt.

Die Frage ist, welche Governance einer dynamischen ökonomischen und politischen Umwelt eher gerecht wird. Dazu ist die Governancestruktur eines Schwarms sehr gut geeignet, denn sie ist per se dynamisch, da der Evolutionsdruck hier die entscheidenden Vorteile gegenüber anderen Organisationsformen hervorgebracht hat. Das gilt gerade auch für die situative Gewichtung und Substitutionskraft der einzelnen Schwarmmechanismen Feedback, Transparenz, Diversität und Befähigung.

Dabei gehen die Schwarmmechanismen im Rahmen der Swarm Governance vielversprechend auf zahlreiche aktuelle Fragestellungen der Organisationsforschung ein. Feedback zum Beispiel dient unmittelbar dem individuellen und in der Vernetzung auch dem organisationalen Lernen. Eine ausgeprägte Feedbackkultur ist die Voraussetzung für eine konstante Entwicklung von Mitarbeitern, welche über die reine Prozess- und Wissensebene hinausgeht und kognitives und soziales Erleben mit einbezieht. Lokale Transparenz geht mit höherem Vertrauen einher und hat einen direkten Einfluss auf die Compliance einer Organisation. Dadurch wird explizit negatives Verhalten wie Korruption, Mobbing und Verschleierung reduziert. Über eine globale Transparenz und das Verständnis von der Unternehmung und ihrem Ökosystem lassen sich über die gesteigerte Innovationskraft Nachhaltigkeitspotentiale realisieren, da Bedarfe ganzheitlich erfasst und Konsequenzen umfassend bewertet werden. Nicht nur Duldung, sondern sogar aktive Förderung von Diversität als treibendes Element, statt eines „nice-to-have"-Attributes ist in einer globalen, multikulturellen Umwelt zunehmend erfolgskritisch. Die polylinguale Spannung macht nicht nur das Kollektiv kreativer, sie wird auch jedem Einzelnen stärker gerecht als eine korporative Uniformierung im Geiste. Damit kommt „Diversity" aus der Ecke unternehmenskultureller Kosmetik in die Kategorie Wettbewerbsvorteil mit einem hohen faktischen Integrationsmomentum. Diversität ist Grundlage für den Diskurs, ermöglicht schnelles Feedback innerhalb des Schwarms und nach außen hin und erhöht seine Responsiveness. Gleichzeitig vereinfacht Diversität die individuelle und kollektive Adaption an kulturelle, moralische Rahmenbedingungen (single loop learning) bei gleichzeitiger permanenter kritischer Revision des systemischen Rahmens (double loop learning) (vgl. Argyris/Schön 1974). Schließlich wird in der individuellen Befähigung ein wichtiges, aber nicht unersetzliches Merkmal einer sozialen Gemeinschaft gewürdigt. Verantwortung und Empowerment, Empathie und Hilfsbereitschaft, Anerkennung und Sinnstiftung sind Ausprägungen dieser Art von Befähigung.

„Wenn jeder Einzelne eine Maxime des ‚work smarter – not harder' umsetzen kann, steigt innerhalb einer funktionierenden Swarm Governance automatisch die kollektive Intelligenz und damit das Gesamtpotential", beschreibt Michael Hengl, Geschäftsführer der 1492.// GmbH, die Vorteile auf Unternehmensebene. Swarm Governance basiert auf impliziten, relationalen und psychologischen Beziehungen. Implizites Schwarmvertrauen existiert auf Basis von Ähnlichkeit, Reziprozität, Symmetrie, Zustimmung, Synchronizität, Erfahrung, Anerkennung und letztlich durch die Wertschätzung des Anderen in seiner Andersartigkeit, aber zugleich Ähnlichkeit.

Bibliografie

Argyris, C./Schön, D. (1974): Theory in Practice. Increasing Professional Effectiveness, San Francisco, CA: Jossey-Bass.
Camazine, S. et al. (2001): Self-Organization in Biological Systems, Princeton: Princeton University Press.
Sheldrake, R. (1981): A New Science of Life: The Hypothesis of Formative Causation, Los Angeles: J.P. Tarcher.
Surowiecki, J. (2007): Die Weisheit der Vielen, München: Goldmann.
Wilson, E. O. (1971): The Social Insects, Cambridge: Harvard University Press.

REDE AN EIN ORCHESTER

von John Cage

Die „Rede an ein Orchester" von John Cage wurde im Rahmen der GLOBArt Academy von Klaus Lang vorgetragen.

Ich möchte Ihnen für die Arbeit, die Sie in diese Musik investiert haben, danken. Aber wie bei allem ist es immer möglich, die Situation zu verbessern, und bei einer solch großen Zahl von Leuten ist es, glaube ich, der Mühe wert, mich unmittelbar darüber auszusprechen, was ich tat, als ich diese Musik schrieb, so dass Sie sich bei der Aufführung heute Abend, wie ich hoffe, eher ganz Ihrer Arbeit widmen können, statt an etwas anderes zu denken, was nichts mit ihr zu tun hat.

Wenden wir uns zunächst nicht der musikalischen Frage, sondern der Frage zu, wie wir uns als menschliche Wesen in einer Aufführungssituation verhalten. Dies ist kein Theaterstück, es ist vielmehr ein Musikstück, und wir sind hier, um Klänge zu erzeugen. In den späten vierziger Jahren war ich von großer Unruhe erfasst, und ich gewann durch den äußerst glücklichen Umstand, dass ich damals bei Daisetz Suzuki buddhistische Studien begann, eine gewisse Ruhe zurück, und seit dieser Zeit ließ mein Interesse in dieser Richtung nicht mehr nach. Der Kagon-Philosophie, die für den ganzen Zen-Buddhismus zentral ist, liegt die Vorstellung zugrunde, dass die Schöpfung aus Wesen wie uns, die Gefühle haben, und Wesen wie Klängen oder Steinen, die keine Gefühle haben, besteht.

Nun steht vom buddhistischen Standpunkt aus jedes dieser Wesen im Zentrum des Universums. Wenn Sie jetzt eine Verbindung herstellen – zum Beispiel dadurch, dass Sie lachen, eine Verbindung zwischen sich selbst und dem, worüber Sie lachen –, dann tun Sie dieser Zentriertheit etwas an. Man könnte sagen, dass Sie vorübergehend Ihres eigenen Zentrums verlustig gehen. Sie kämen in eine mit der Absicht dieses Stücks besser zu vereinbarende Situation – und vor allem in eine treffliche soziale Situation –, wenn Sie sich in Ihrem eigenen Zentrum befänden, und zwar so, dass Sie beim Erzeugen eines Klanges nicht versuchten, einen Klang herauszubekommen, als ob er von Ihnen käme, sondern einfach wie ein Mittler handelten, der Kraft einer gewissen Magie imstande ist, diesen Klang, der sein eigenes Zentrum hat, zur Existenz zu bringen.

In welcher Beziehung steht das nun zu dem, was ich vorhin in der Probe hörte? Als Mr. Duffalo (der Dirigent) es Ihnen anheimstellte, sich ins Zeug zu legen, sich zu entspannen oder wegzugehen, gab es verschiedene Möglichkeiten, dies zu tun. Wenn Sie sich ins Zeug legen, dann bitte nicht wie ein Schauspieler, sondern weil Sie es wirklich tun; also nicht, weil Sie meinen, es könnte jemanden amüsieren, sondern weil Ihnen in Anbetracht des langen Zeitraums nichts anderes übrig bleibt. Wenn Sie aber weggehen, dann versuchen Sie bitte nicht, dadurch anderen Mitgliedern des Orchesters eine Ablenkung zu bescheren. Gehen Sie einfach weg. Es wird für Sie eine Erholung bedeuten, für die Sie Gott danken können, und kehren Sie danach zurück. Und selbstverständlich sollten Sie dann weggehen, wenn Sie in Ihrem Part nichts zu spielen haben.

Nun ist mir von einigen von Ihnen gesagt worden, es sei bei einer so großen Gruppe von Leuten schwerlich zu erwarten, dass sie ihr Denken schnell ändern. Deshalb wieder ein Hinweis auf den Buddhismus: man fragte den Erleuchteten, ob die Dinge, die geschehen, allmählich oder plötzlich kommen, will sagen: können wir unser Denken plötzlich ändern, oder müssen wir über Jahre hin erzogen und überzeugt werden? In einigen Fällen geschehen Dinge langsam, in anderen rasch. Würde zum Beispiel ein Samenkorn schnell keimen, wäre es keines. Und leuchtete ein Blitz langsam auf, wäre er kein Blitz. Es ist Menschen leichter möglich als Hunden – und sicherlich leichter als Insekten-, nobel zu handeln und ihr Denken zu ändern.

Der Vorteil aber, zu einer Vielzahl von Zentren – zu Klängen in ihren eigenen Zentren, zu Menschen in ihren eigenen Zentren – eine Haltung zu haben, besteht darin, dass man dann nicht die Notwendigkeit fühlt, andere zu beeinträchtigen. Wir könnten – obgleich wir es vielleicht nicht bekommen – ein besseres Leben haben, wenn wir, annähernd 100 Leute, die wir sind, bei einem Anlass wie heute Abend die Fähigkeit von selbst aufbrächten, die Verrichtungen zu erproben, die dieses Stück zur Existenz bringen, ohne Jux und so gut wir können. Wir hätten nicht nur etwas für uns selbst getan, sondern wir hätten einem größeren Kreis als uns eine gewisse Vorstellung vermittelt, und es wäre wie bei einem Stein, der ins Wasser fällt: es würden kleine Wellen entstehen, und es wäre von guter Wirkung.

Was ist nun das Schwierigste bei der Aufführung dieses Stückes? Es sind buchstäblich die Perioden, in denen Sie nichts zu tun haben. Sie werden, einmal ganz abgesehen von ihrer Tätigkeit als probende Musiker, ja auch sonst bemerkt haben, dass der schwierigste Zeitpunkt in Ihrem Leben immer der ist, an dem es Ihnen so scheint, als hätten Sie nichts zu tun. Wenn Sie ihre Aufmerksamkeit und Neugierde gerade auf den Punkt zu konzentrieren vermöchten, an dem Sie nichts zu tun haben, hätten Sie mehr von Ihrem Leben als sonst. Statt einen Zwang zu verspüren, wenn Sie müßig sind, sich über etwas lustig zu machen oder jemanden abzulenken, benützten Sie Ihre Fähigkeiten und Ihre Sinne, um zum Beispiel zu hören, was vor sicht geht, und wenn Sie des Hörens müde sind, schauen Sie um sich, was so alles passiert. Aber versuchen Sie nicht, wie es bei unseren Völkern der Brauch, es die ganze Welt büßen zu lassen.

Wenn nun einer von Ihnen meine Worte in den Wind schlägt und beschließt, sich aufzulehnen – dann habe ich keine Kontrolle darüber. Ich habe mich bemüht, ein Stück zu schreiben, in dem es offenkundig ist, dass jeder – sei's der Dirigent, sei's der Komponist – auf Kontrolle verzichtet. Ich will also nicht als Polizist fungieren. Sie haben hier vielmehr eine Möglichkeit, ein Individuum eigenen Rechts zu sein und aus Ihrem eigenen Zentrum heraus zu handeln, und ich wäre selbstverständlich entzückt, wenn Sie das nobel täten.

Nun komme ich von der Aktivität eines menschlichen Wesens im Allgemeinen zur besonderen Aktivität eines Menschen, der einen Klang produziert. Ihre ganze Erfahrung mit der Aufführung von Musik in der Vergangenheit lässt Sie denken, dass es Ihre Aufgabe sei, etwas von Ihrer eigenen Emotion in den Klang einzubringen. Aber ich habe in diesem Stück versucht, obwohl ich Zufallsoperationen benutzte, um es zu komponieren, und obwohl ich die Position der Noten aus der Position von Sternen auf Sternkarten erhielt, – ich habe also versucht, meine Ansichten darüber aufzugeben, wie Musik sein sollte, und ganz bestimmt darüber, wie sie ausdrucksvoller geraten könnte, und man sollte die Klänge aus ihren eigenen Zentren kommen lassen. Ich bin der Überzeugung, dass, wenn dies bei diesen Klängen der Fall wäre – wenn man ihnen erlaubte, aus ihren eigenen Zentren zu kommen – wir etwas erhielten, was wundersam anzuhören wäre.

Während einer Probenpause fragte einer von Ihnen, ob wir nicht Klänge produzieren sollten, die ein Crescendo und ein Diminuendo hätten. Nun, diese einfachen Gedanken, die in unserem menschlichen Gehirn darüber entstehen, ob Dinge allmählich lauter oder leiser werden, sind eine Sache, aber ich glaube, es wäre viel schöner, ließen wir es den Klang selbst tun. Wenn Sie sich nun in eine extreme Situation begeben – was Sie, wie ich meine, in dieser Aufführung bisher noch nicht taten – also wenn Sie es zum Beispiel auf den Versuch ankommen lassen wollen, einen Klang leiser zu erzeugen als jemals zuvor in Ihrem Leben, dann wird dieser Klang infolge der Intensität Ihres Versuchs, ihn leise zu machen, unvorhersehbare Veränderungen seiner Dynamik zeigen; und dies nicht auf expressive Weise, sondern so, wie die Adern eines Blattes oder die sich kräuselnden Wellen eines Gewässers oder alle anderen Erscheinungen, die wir in der Natur beobachten können, Variabilitäten zeigen.

Ich weiß nicht, ob ich mich klar ausdrücke, aber ich will es versuchen. Wenn Sie einen leisen Klang erzeugen, erzeugen Sie ihn so leise, dass Sie nicht sicher sind, ob er tatsächlich anspricht. Planen Sie das Ergebnis nicht, helfen Sie ihm nicht gewaltsam nach, bringen Sie es einfach zur Existenz, lassen Sie den Vogel aus seinem eigenen Nest fliegen. Und lassen Sie die meisten der Klänge so leise sein, wie Sie noch keine gehört haben. Wenn Sie allerdings einen lauten Klang von jemand anderem hören, verändern Sie Ihren leisen Klang nicht automatisch in einen weniger leisen. Falls Sie alles daransetzen, einen leisen Klang zu spielen, tun Sie es so leise wie es ihnen nur irgend möglich ist. Und wenn Sie gerade im Begriffe sind, einen lauten Klang zu spielen, spielen Sie ihn so laut, dass man geradezu aufspringt. Statt uns das Leben langweilig zu machen, können wir es auch überraschend anlegen, und es wird uns mehr überraschen, wenn wir es nicht mit unseren Intentionen vollstopfen, sondern uns selbst hingeben gerade bei der Erledigung unserer einfachen Arbeiten.

Sie haben in diesem Stück zwei Dinge zu tun: Sie haben auf der einen Seite während eines Großteils der Zeit nichts zu tun. Versuchen Sie zu lernen, es schön zu tun. Und wenn Sie Klänge zu machen haben, spielen Sie sie mit etwas Extremismus, als ob Sie in einem Wald wären und einen solchen Klang vorher nie angetroffen hätten, so dass seine plötzliche Entdeckung Sie entzückt. Dieses Stück enthält keine meiner Gedanken oder Gefühle – es sind bloß Klänge.

Nun noch zu dem, was mit den Rhythmen passiert ist. Gestatten Sie mir die Bemerkung, dass, als Mr. Dufallo zu einem neuen System – 1,2,3,4 oder 5 – kam, sich ein Bruch in der vereinbarten Aktivität des gesamten Orchesters abzeichnete. Nehmen Sie nun eine verfeinerte Haltung der Notation gegenüber ein, schauen Sie genauer hin, und Sie werden sehen, dass Sie keineswegs alle sofort dann zu beginnen haben, wenn das System beginnt. Versuchen Sie, auch winzige Differenzen in den Abständen genau zu unterscheiden, tun Sie, was Sie können, um dem Stück zu ersparen, dass es der Aktivität einer Herde von Schafen gleicht. Lassen Sie es die Aktivität von 86 Menschen sein, die auf Grund einer Wahrscheinlichkeit zusammenkamen ...

Achten Sie auf die Einzelheiten der Dynamik und der Intonation der Mikrotöne und, wenn Sie eine Dauer zu spielen haben, auf folgendes: haben Sie zum Beispiel eine Serie von fünf kurzen Klängen, spielen Sie sie nicht regelmäßig, 1-2-3-4-5. Versuchen Sie die Abstände zwischen ihnen so distinkt verschieden zu bringen wie die Unterschiede zwischen Steinen. So als ob es fünf Steine wären, die dort heruntergefallen wären. Lassen Sie ihnen ihren eigenen Schritt, statt ihnen Ihren Schritt, wie Sie ihn ausmessen, aufzuzwingen. Wenn wir uns als Menschwesen von dem Geschäft, uns auf Messungen zu stehen, nur ein wenig weiter entfernen und ins Unbekannte vordringen könnten...

Erstveröffentlichung: „John Cage, Rede an ein Orchester – Michael Nymann, Annotation". In: John Cage I. Musik-Konzepte Sonderband. 2., veränderte Aufl. München (edition text + kritik) 1990, S. 56–61.

„ICH BRAUCHE NEUES DENKEN“

Welche Zugänge gibt es zu John Cage? Das war Thema einer Diskussionsrunde mit dem Komponisten und Konzertpianisten Klaus Lang, der Wirtschaftsinformatikerin Sarah Spiekermann, dem Filmemacher und Komponisten Henning Lohner und dem Politiker und Publizisten Johannes Voggenhuber unter Leitung von Christian Scheib, Intendant des RSO Wien.

Christian Scheib: Wir sind ein extrem heterogenes Podium, was unsere Erfahrungen mit und Zugänge zu John Cage betrifft, und das ist auch so gewollt. Genau daraus werden wir unsere Gesprächsthemen entwickeln. Wir beginnen vor dem Hintergrund von John Cages Rede an ein Orchester mit Klaus Lang, da er der einzige hier in der Runde ist, der jemals vor einem Orchester gestanden ist, das ein Stück von ihm spielen sollte. Wie fühlt sich das eigentlich an?

Klaus Lang: Zentral ist, dass dies ein praktischer Text ist, der aus einer konkreten Situation heraus entstanden ist. Ich bin immer gerührt, wenn ich den Text lese, weil er die menschliche Größe von John Cage zeigt. Die Situation aus den frühen 1950er Jahren hat sich bis heute nicht wesentlich verändert: Es treffen zwei sehr unterschiedliche Welten aufeinander, wenn ein Komponist auf ein Orchester trifft. Die Sichtweise des Orchesters in seiner totalen Hierarchisierung hat Christian Scheib schon deutlich gemacht. Als Komponist erlebt man auch, dass Orchester im Allgemeinen überhaupt keine Lust haben zeitgenössische Musik zu spielen. Man hat immer das Gefühl, man steht einer – im besten Fall schweigenden – Wand von hundert Menschen gegenüber, die überhaupt keine Lust haben, das zu machen, was man gemacht hat. Und sie machen es dann schließlich nur deshalb, weil sie in diesem hierarchischen Betrieb drinnen stecken. Sehr oft bringen sie einem eine große Aggression entgegen. Cage hat es geschafft, in diesem Text auf die Aggression einzugehen. Er schreibt, die Leute sollen über seine Arbeit nicht lachen, sie sollen sie ernst nehmen. Er bringt ihnen keine Gegenaggression entgegen und fängt nicht an zu schreien und zu schimpfen. Er versucht zu erklären und die einzelnen Musiker anzusprechen, und nicht das Orchester als Masse. Das finde ich großartig. Insofern ist der Text auch ein Vorbild, wie man mit so einer Situation umgehen kann, in der man auf große Ablehnung trifft und auf die eigene Arbeit verächtlich geblickt wird. Für mich war das ein großes Vorbild, wie man sich in so einer Situation menschlich verhalten kann. Es kommen die zentralen Gedanken von Cage heraus, und die sind wie bei letztlich jeder Kunstausübung die der Regelhaftigkeit und der Form. Er sagt den Musikern bis ins Detail wie sie ihre Töne spielen sollen. Er geht in seiner Meinung, was sie tun sollen, sogar noch weiter als die klassischen Texte, in denen gesagt wird, was klingen soll. Cage sagt sogar, in welcher Haltung das gespielt werden soll, was klingen soll. Er gibt aber die Verantwortung an die einzelnen Musiker ab. Er erkennt den Dirigenten nicht als Polizisten an, sondern sagt, dass jeder diese Disziplin, diese Regelhaftigkeit, diese Form für sich selbst wahren und halten muss. Jeder ist für sein eigenes Tun verantwortlich, auch in diesem Kollektiv von Orchester. Das entspricht seiner Grundhaltung und auch der Ästhetik seiner Musik.

Christian Scheib: Sarah Spiekermann, wenn Sie Klaus Lang über das Übertragen von Verantwortung reden hören, egal in welchen Kontext, gibt es Korrespondenzen zu Ihrem Forschungs- und Arbeitsbereich?

Sarah Spiekermann: Vielleicht sollte ich dazusagen, dass ich Professorin für Wirtschaftsinformatik bin. Ich beschäftige mich den ganzen Tag mit Technologie und wie diese entsteht. Ich möchte ihren Aufhänger benutzen, dass wir eigentlich eine sehr traditionelle Herangehensweise an Musik und Orchester haben: Jeder weiß, was er tut. Genauso war das vor dreißig, vierzig Jahren in der Entwicklung von Technologie: Eine Firma brauchte einen Computer, der war so groß wie ein Zimmer oder mehrere, und einer ganzen Mannschaft wurde ganz genau gesagt, welche Programme sie zu schreiben hätte, was genau passieren sollte. Die Information, die den Mitarbeiter erreichte, oder die wir als Empfänger der medialen Wirklichkeit erhalten, war genau vorprogrammiert. Am Ende des 20. Jahrhunderts brach das auf. Vielleicht auch deswegen, weil parallel ein technischer Aufbruch stattfand – darin, wie Technologie gebaut, wie sie auch von uns empfangen wird und was wir damit machen. Wie kann man daher die Ideen von John Cage mit der Technologieentwicklung in Verbindung setzen? Der erste Punkt hat etwas sehr Positives: das Vertrauen in den Menschen, im Orchester in den Menschen, der aus dem Ding den Klang rausholt, den Kreativen. Das gibt es in der Softwareentwicklung zu Ende des 20. Jahrhunderts auch. Die Open Source-Gemeinde ist ein gutes Beispiel: Menschen aus den verschiedensten Ecken der Welt entwickeln gemeinschaftlich Software-Codes und sind völlig frei in dem, was sie tun. Die Gemeinschaft geht dann den nächsten Schritt. Auch der Betrachter soll bei John Cage wie bei Duchamp – oder hier der Hörer – bestimmen, was das Werk bedeutet. Analog erlaubt uns die Technologie heute, Dinge neu zusammenzusetzen. Das nennt man „End User Programming", dass wir Innovation auf unseren Computern stattfinden lassen. Wir können Information, die vorher von den Medien platt vorgegeben wurde, plötzlich in Wikipedia verändern. Das ist positiv und gibt dem Menschen eine neue Rolle. Der zweite Punkt bei Cage ist, dass sich alles im Fluss befindet – die kritische Haltung gegenüber dem Original. Bei Software wissen wir oft gar nicht, was das Original war. Wir sprechen nur in Versionen. Ich habe aber auch kritische Anmerkungen darüber, wo sich Cage und die Technokraten völlig voneinander unterscheiden. Das beginnt bei der Ästhetik: Cage kämpft gegen die Lähmung, die das Verstehen verursachen würde. Er steht damit in der Tradition Nietzsches, der sagt „Musik kann ihrem Wesen nach unmöglich Wille sein. Der Wille (das Verstehen) ist unästhetisch."

Softwareentwickler und Technokraten haben ein genau gegenteiliges Ästhetikempfinden. Für den Programmierer ist das Ästhetischste, wenn ein chaotischer Code plötzlich in einem mathematisch perfekten Algorithmus zusammengeführt wird. Der Inbegriff der Ästhetik beim Programmierer ist der vernünftigste, logischste, klarste und intelligenteste. Das ist genau das Gegenteil von diesem schöpferischen, dionysischen, bewegten von Cage in dessen Auffassung. Letztlich übersetzt sich dieser Gegensatz in die Ziele und die Haltung, die wir in völlig unterschiedlicher Form bei Cage und der Technologieentwicklung finden. Cages Ziel ist die Absichtslosigkeit. Er möchte mit der Welt in Kontakt treten, ohne ihr Gewalt anzutun. Die Softwareentwicklung ist immer nur absichtsgetrieben. Am Anfang steht immer die Anforderungsanalyse, das Ziel. Cage will keine Ordnung aus dem Chaos gewinnen und die Schöpfung nicht verbessern. Der Programmierer möchte das Chaos beherrschen und in eine Ordnung gießen. Er will die Schöpfung verbessern, weil er nicht an den Menschen glaubt. Es ist sehr traurig, aber der Softwareentwickler denkt an den „DAU – dumbest assumable user", den dümmsten nur vorstellbaren Benutzer. Für diesen Nutzer sollen Programme geschrieben sein, damit auch nichts schiefgeht. Nur der Intelligenteste ist in der Lage, Software zu schreiben, die Softwareentwickler sehen sich in einer Elite. Man entwickelt für den dummen Menschen, der immer nur chaotisch alles falsch macht. Man will die Schöpfung verbessern und arbeitet auf die „Singularity" hin, also wenn die Maschinenintelligenz die menschliche Intelligenz überschreiten soll, genaugenommen 2026.

Henning Lohner: Ich würde gerne eine kleine Provokation ansprechen, die Cage in der Zeit, in der ich mit ihm zusammen war, oft geäußert hat, nämlich, dass gute Technologie immer kleiner und demnach irgendwann verschwinden würde.

Sarah Spiekermann: Er hat richtig beobachtet, dass die Technologie immer kleiner wird. In der Nanotechnologie oder der Chiptechnologie im Allgemeinen sind die Prozessoren noch nicht einmal so groß wie ein Sandkorn. Sie verschwindet dadurch aber nicht, sie wird ubiquitär, allgegenwärtig. Da dürfen Sie sich nichts vormachen.

Henning Lohner: Vielleicht zeigt das auch, aus welcher Geisteshaltung, welcher Tradition John Cage kommt. Er fand den Begriff „Tradition" nicht wahnsinnig glücklich, aber er stand ja doch in einer Tradition, die er aufbrach. Diese analoge Vorstellung, dass etwas, das man beobachtet, auch zu einem Ergebnis führt, steckt vielleicht in dieser Spekulation drinnen. Wir beobachten, dass etwas kleiner wird. Es verschwindet, wir nehmen es nicht mehr wahr, also existiert es dann in einem anderen Bereich. Die Provokation ist, dass man zu etwas Anarchischem zurückkommt, dass sich jeder selbst regiert. Das entspricht ja nun genau nicht diesem Widerspruch zwischen Technologie und Ästhetik.

Christian Scheib: Frau Spiekermann, in ihrer Rede habe ich mir schon gedacht, wenn man nur ein paar Worte austauscht, ist es schon eine Rede über Politik. Wo ist das Ziel? Wo ist Organisation? Wen halte ich wofür? Wie gehe ich damit um? Mit ein paar kleinen ausgetauschten Worten geht es darum, wie das Verhältnis von vielen, von Individuen und Masse eigentlich funktioniert.

Johannes Voggenhuber: Ich habe den Text anders gelesen: Satirisch betrachtet habe ich in dem Stück 4'33" 15 Jahre verbracht. Ich kenne es auswendig. Sie haben eine ganz ähnliche Situation: Ein Ausschusslokal ist in etwa wie ein kleiner Konzertsaal. Vorne am Rednerpult findet eine Performance über acht Stunden statt, der Sie natürlich nicht zuhören, sondern ganz von alleine tun, was Cage gebietet: Sie hören den Saal, die Geräusche. Sie verfallen in Meditationen, in mystische Abwesenheiten. Irgendwann dazwischen, da kommt die Kunst der Rhetorik ins Spiel, wird sich in diesem Konzert von 8 Stunden 33 auch immer wieder eine Rede durchsetzen. Sie wird sich in einem Moment kristallisieren, und man wird aus dem Chaos der Geräusche zu einer präzisen Bedeutung zurückkehren. Insofern ist Cage für mich Alltag. Wie liest man so einen Text, wenn man eingeladen wird, darüber zu sprechen? Ich habe ihn sehr aufmerksam ziemlich spät in der Nacht gelesen. Mir ist aufgefallen, dass ich den Kopf voller Krise habe, und das seit Monaten. Das ist zur Zeit unsere politische Aufgabe. Insofern schien er schon sehr prophetisch zu sein. Es ist ein sehr vielfältiger Text und ich habe ihn nicht als praktisch gelesen, sondern als einen spirituellen Text.

Chaos und Präzision, Anarchie und Disziplin – das sind mir sehr vertraute Prinzipien meines Arbeitens, und auch das, worauf es ankommt. Ich war überrascht bei den Passagen um „neu denken", das ist auch eine urpolitische Situation. Der Dirigent spricht vor einem Orchester, das gewohnt ist, Töne professionell zu spielen. Es ist eine Institution mit Konzertkalender, das dort Stücke spielt, wie man sie spielt. Dem Dirigenten lässt man dabei einen kleinen Spielraum, je nachdem, wie charismatisch er ist. Ich empfinde die Töne von Cage weniger als Geräusche sondern durchaus als klassische Klänge, und jetzt versucht jemand, einen Ton neu zu spielen. Diese Zumutung ans Orchester ist eine sehr rhetorische Situation. Sie versuchen durch eine Rede innerhalb einer vorgegebenen Situation oder Tagesordnung Menschen für etwas zu gewinnen. Die einzige Aufgabe ist es, es ihnen so zu sagen, dass es die Geräuschkulisse dieser 4'33" durchbricht und plötzlich wirksam wird. In diesem Text präzisiert er es, indem er sagt „neu denken – nobel handeln". „Nobel handeln" kommt in dem kleinen Text zwei Mal vor, ohne je zu erklären, was das eigentlich sein soll. Einmal bei diesem Hinausgehen und am Ende als Generalappell. Es hat aber offensichtlich etwas damit zu tun, die Dinge aus dem Zentrum selbst sprechen zu lassen, sie zu Wort oder zu

Klang kommen zu lassen – nicht aus einer vorgefertigten Interpretation heraus, sondern in einem Moment der Integrität.

Auch das ist Aufgabe der Rhetorik, etwas viel und oft Gesagtes so und glaubwürdig zu sagen, dass klar wird, dass dies aufleuchtet, ob dies eine Idee, ein Interesse, ein Argument ist, dass das herauskommt. Das war sein Kampf in dem Text, wie ich ihn verstehe, und das ist hoch politisch. Wie kann ich in einer Runde von Menschen, die Klänge und Worte bis hierher haben, ein Wort oder einen Klang so sagen, dass dieser Mensch weiß, das trifft tatsächlich das, worauf es zeigt. Insofern habe ich den Text als Revolutionär gesehen. Und nun zurück zur Krise: Es ist tatsächlich eine sehr ethische Handlungsanleitung für eine Situation wie die Krise, wo tatsächlich in dieser Ausgesetztheit alles in Frage gestellt wird, was uns vertraut ist, auch mit Bedrohungen und Ungewohntem. In einer Krise, wo alles in Frage gestellt wird, ist es unendlich schwer, alles neu aufzurufen, die Dinge neu zu denken und dann nobel zu handeln. Würde man das im Hinblick auf die Finanzkrise neu übersetzen, würde es bedeuten: Wir wissen nicht mehr, was das Verhältnis von Geld und Arbeit ist, was das Verhältnis der Generationen ist. Wir führen einen Verteilungskampf, der die Generationen umfasst sowie die Interessenslager und die Institutionen. Wir wissen nicht mehr ganz genau, was sie eigentlich darstellen. Darin sollten wir aber trotzdem nobel handeln. Wenn ich jetzt Griechenland und Portugal sehe und dass in der ARD hunderttausende Demonstranten als Kleindemonstration dargestellt wird, dann halte ich das gar nicht für böswillig, sondern für eine Unfähigkeit, etwas, das man in Europa für unmöglich gehalten hätte, zu benennen. Da fehlen uns die Bezeichnungen dafür, geschweige denn, dass wir nobel handeln könnten. Der Grund, dass nicht berichtet wird, ist der, dass wir mit dem Elend und der Gewalt auf Griechenlands Straßen nichts anfangen können. Die einen glauben immer noch, dass, wenn wir sie noch einmal mit einem Sparpaket zudecken, wenn sie ihr Leben noch einmal ändern müssen, wenn wir noch einmal alles kurz und klein schlagen, Griechenland, Europa etc. wie Phönix aus der Asche auferstehen würde. Nichts davon ist wahr. Auf den ersten Blick ist zu sehen, dass es nicht integer ist, was hier geschieht. Wieso reden wir von der Schuldenkrise und nicht von der Bankenkrise, die es war? Weil wir die Zahler der Schulden geändert haben. Es sind nicht mehr die Banken und die Finanzmärkte, sondern die Menschen, die das mit der Mindestrente bezahlen müssen. Es kann keine Rede davon sein, dass derzeit im politischen Raum die Nöte, die Interessen, die Notwendigkeiten integer aufgerufen werden. Das liegt daran, dass in der Krise viel Aufgescheuchtheit herrscht, nur Chaos, aber keine Präzision, eine Anarchie der Interessen, aber nicht der Disziplin. Cage hat mir die Fragen der Integrität und des noblen Handelns nahegebracht.

Christian Scheib: „Nobel". Ich kenne den Text schon sehr lange, aber das Wiederlesen unter neuen Voraussetzungen bringt Neues. Der Text ist mir sehr vertraut, ich war aber auch überrascht über das zweimalige „nobel" in der deutschen Version. Wenn man Cage kennt, oder sich an das erinnert, was er gemacht hat, ist man ja gar nicht überrascht. Ich würde gerne nochmals betonen: Diese Utopie, dieses Gegenüberstellen von noblen, von eigenständigen Handlungen, taucht ja nicht zufällig in diesem Text an ein Orchester auf, nicht an ein Streichquartett oder an eine Performance-Gruppe beispielsweise. Ein Orchester funktioniert ja nur deshalb so perfekt, weil es eben diese Strukturen hat, wegen dieser extrem diffizilen Hierarchie sowohl künstlerisch als auch auf jeder anderen Ebene – vom Konzertmeister bis hin zum Bratschisten. Es sind eben nicht 80 gleichberechtigte Menschen. Es würde sonst auch nicht funktionieren. Dass Cage genau an diesem Punkt zur größten Fallhöhe gelangt, ist klar. Mit sieben interessierten Musikern kann man individuell umgehen. Vor einem Klangkörper dieser Größenordnung kann man dann entweder kapitulieren oder wütend werden oder man ist so nobel wie Cage und formuliert es genau, wo dieser Widerspruch ist. Er war ja Komponist, er wusste ja, was ein Orchester ist. Der Widerspruch liegt darin, dass er ein Stück schreibt, das nur funktioniert, wenn sich der gesamte Klangkörper völlig antizyklisch zu seiner Existenz verhält. Das Stück funktioniert eben nicht, wenn man sich an das hält, warum es gut funktioniert. Der Widerspruch wird eben besonders deutlich, wenn er sich nicht mit David Tudor auf die Bühne setzt, mit einem System, das seiner Ideologie völlig widerspricht.

Klaus Lang: Das Interessante ist, dass viele Orchestermusiker sagen, sie leiden gerade unter dieser Situation, dass sie ihr ganzes Leben lang am dritten Pult genau das machen müssen, was jemand anderer ihnen sagt. Ich kenne aber persönlich auch die Situation, dass es Partituren von mir gibt, wo ich den Musikern plötzlich viel mehr Verantwortung gebe. Bei Cage ist das der Extremfall, in dem jeder für sich die Verantwortung hat. Die Reaktion der Musiker ist dann aber eben nicht: „Toll! Endlich können wir einmal selbsttätig für uns entscheiden!", sondern sie machen sich lustig darüber, sie nehmen es nicht ernst. Das Interessante ist, dass die Freiheit, die plötzlich einbricht, genau so schwierig zu ertragen ist wie die Disziplin, der sie vorher unterworfen waren.

Henning Lohner: Das stimmt natürlich. Dahinter steht die Vorstellung, die Cage öfter geäußert hat, wenn er Musik komponiert hat. Er versucht, soziale Zustände herzustellen, aufzuzeigen oder abzubilden. Es ging, soweit ich das verstanden und erlebt habe, wirklich ganz direkt darum, in so einem Orchesterstück der Gesellschaft zu zeigen, wie sie vorfand, und sie aufzubrechen zu dem, wie er sie sich idealerweise vorstellte. Wir haben bei Cage oft die Vorstellung, dass er ein Technokrat war, weil er so viele musikalische Innovationen geleistet hat und weil es so ein Stigma gibt mit diesen Zufallsoperationen und dem Chaos und allem, was er da so in der Komposition anwandte und oft auch ausführlich beschrieb. Aber das Bild wandelt sich.

Wir haben bisher sehr schön beschrieben wie dieses Bild von Cage zu etwas Allgemeinem wird. Wir sagen, er ist in den Mainstream eingegangen, wenn wir beobachten, wie in der Popmusik seit vielen Jahren Leute seine Ideen aufgreifen und Dinge für uns im Hörumgang selbstverständlich werden, die vor 50 Jahren undenkbar und unhörbar waren. Das geht jetzt sehr schnell. Ein Beispiel ist die letzte Komposition von John Cage, dieser Film ONE11, an dem ich mitgearbeitet habe. Er wurde zusammen mit einem Orchesterstück aufgeführt: 103 für 103 Musiker, die eben auch selbständig spielen sollen. Da entsteht dann immer wieder genau dieses Problem: „Was sollen wir machen?" Das merkt man in den Proben sofort. Es ist ein perfektes Beispiel, wie es funktioniert und auch wieder nicht funktioniert. Man muss eine Anleitung geben und sich wieder herausziehen. Die Uraufführung war vor 20 Jahren, heuer zum 100. Geburtstag fand eine Neuaufführung mit Orchester statt. Die Pressestimmen waren für mich überraschend. Vor 20 Jahren war Cage der Neutöner. Es war schwierig zu verstehen, was er klanglich sagen wollte, man musste sich noch daran gewöhnen. Jetzt, 2012, waren die Pressestimmen: „Es ist ja erstaunlich, wie zahm das alles ist, wie durchhörbar." Es fielen Begriffe wie „vom Klangeindruck her reaktionär." Diese harmonischen Flächen, die sehr kompliziert sind, und vor 20 Jahren noch als komplizierte harmonische atonale oder dystonale Flächen verstanden wurden, klingen heute plötzlich harmonisch und werden gehört. Und man kann Verläufen folgen.

Ich denke, Cage hat schon vor vielen Jahren verstanden, was die Welt bewegt – *what makes the world tick*. Er hatte die Begabung, das in die musikalischen Situationen hinein zu holen. Ich saß in diesen Konzerten und dachte mir: „Wie kommt es, dass ich ein Stück heute als gefällig, angenehm und harmonisch positiv, als bewegend im Sinne von „ich kann da durchgleiten, ich werde an der Hand genommen und wir reisen zusammen" begreife, und vor 20 Jahren völlig verloren war, wie viele andere auch?" Durch die Globalisierung seit 20, 30 Jahren sind wir einer Masse an Bildern und Klängen ausgesetzt, die wir mittlerweile für selbstverständlich nehmen. Als Stockhausen seine Telemusik schrieb, waren japanische Musik und diese unterschiedlichen Musikformen, die er in den 50er/60er Jahren in seine Musik einführte, in Europa im Grunde genommen unbekannt. Ähnlich ist es mit Cage. Heute ist uns das alles bekannt und der Kritiker schreibt: „Das ist ja eigentlich alles schon bekannt." Für mich bedeutet das, dass Cage, indem er diese Situationen schuf, auf ein allgemeines Bild einging und dafür ein musikalisches Bild schuf oder eine allgemeine soziale Situation. Das hat funktioniert und deshalb ist er heute so wichtig für uns. Warum hat ein Komponist solchen Einfluss? Das geht dann schon in die Bereiche der Komponisten, die die Welt verändert haben wie Bach, Mozart, Beethoven usw. An Cage denkt man so noch nicht, wir sind aber letztlich an einer Neudefinition dessen, was Cage wirklich bedeutet hat.

Sarah Spiekermann: Darauf würde ich gerne antworten. Wenn unser Leben fast schon dadaistische Züge annimmt und wir uns eigentlich als flexible Menschen permanent neu definieren müssen, dann ist es vielleicht auch kein Wunder, dass wir diese Musik plötzlich ertragen können. Ich meine das nicht negativ, aber viele Menschen kommen ja mit John Cage überhaupt nicht zurecht. Ja, der flexible Mensch in unserer Gesellschaft, der hat sich daran gewöhnt und kommt auch mit dieser Art Musik zurecht, weil er auf alles reagieren kann. Er kann sich jeden Tag neu definieren. Aber 90 Prozent der Gesellschaft kommen damit gar nicht zurecht.

Henning Lohner: Das stimmt und stimmt auch wieder nicht. Diese Sample-Kultur, dass eine Popgruppe als Schlagzeug den Klang des Anzünden eines Streichholzes benutzt, ist ohne die Vorarbeit durch Cage nicht denkbar. Oder die einstürzenden Neubauten, die dann diverse Schlagzeuginstrumente selbst entwarfen und dann damit Musik machten, fußt genau auf dieser Tradition. Wir sind schon auch bestimmte Dinge gewöhnt, ein Klangerzeugen, wo Cage am Anfang der Entwicklung stand.

Sarah Spiekermann: Ich will auch nicht die Größe dieses Künstlers in Frage stellen und seinen Innovationsimpuls. Er war die damalige Avantgarde. Ich frage mich nur in einem nächsten Schritt, was er damit künstlerisch einläutet, repräsentativ für die Gesellschaft und wie die Gesellschaft damit zurecht kommt. Sie stellten das sehr positiv dar. Aber Sie haben vielleicht das Zögern bemerkt, als wir das Experiment machen sollten.

Henning Lohner: Der andere Aspekt ist auch der der Heranführung an das Werk. Das eine ist, wie das Werk in den Mainstream übergeht, aber das andere ist: Wie kriegt man den Mainstream zum Werk, also wieder zurück zum Komponisten. In Berlin hatten wir eine große Retrospektive von Gerhard Richter. 1985 gab es im gleichen Hause eine Ausstellung von Richter, zu der niemand ging. Es war der größte Flop in seiner Karriere. Jetzt strömen die Busladungen da hin. Was sind das für Busse? Diese Menschen hatten etwas in der Zeitung gelesen und die Busreisen wurden organisiert, weil er heute der teuerste Maler der Welt ist. Die Busse kommen nicht, weil es denen um die Kunst geht, sondern weil er ein Phänomen ist. Ich habe mit vielen in der Ausstellung geredet und die sagten, sie seien vollkommen überrascht, dass es ihnen ja gefalle! Und sie artikulieren ihre Assoziationen. Das sind Leute, die klassischerweise nicht zu solchen Dingen geladen sind. Da denke ich, dass sich die Dinge annähern.

Johannes Voggenhuber: Wir nennen John Cage ja auch einen Philosophen. In diesem Text wird das sichtbar, gerade, weil es ein Arbeitstext ist. Das Zurechtkommen der Gesellschaft ist ein wichtiges Stichwort, aber mit Kunst ist die Gesellschaft noch nie zurechtgekommen. Das ist ihr Markenzeichen, das ist ihr Wesen. Wenn sie morgen mit Busladungen zurechtkommt, ist die Musik schon tot, die damit zurechtkommt. Das ist ja auch die Situation, vor der John Cage mit diesem Orchester steht: Er ist hier tatsächlich ein Künstler, Denker und Philosoph der Krise. Nehmen wir den seit 30 Jahren pragmatisierten Klarinettisten als Beispiel. Was hält ihn am Leben? Dass er zwar seit 30 Jahren dasselbe macht, eigentlich keine Musik mehr, aber das ganz gut. John Cage dreht das um und sagt. „Du bist eigentlich ein Musiker, aber Du weißt nichts davon. Das, was du machst, ist eigentlich nicht gut." Und das ist jetzt für das Zurechtkommen wichtig. Er kommt nicht und sagt: „Ich habe hier eine Partitur" wie der taube Beethoven allein in seinem Zimmer, der sagt: „Ich erkläre Euch jetzt, was Musik ist und Gnade euch Gott, es spielt das jemand so wie bisher!" Er kommt und hat eigentlich noch gar keine Komposition. Er will den Musiker tatsächlich wieder zum Musiker machen. Er sagt dann: „Lassen Sie den Vogel aus dem eigenen Nest fliegen." Wenige Sätze später sagt er aber: „Wenn Sie dagegen aufbegehren, habe ich keine Kontrolle darüber." Es findet also ein völlig neues dialogisches Verhältnis statt, in dem der, der das Neue bringt, dem Alten erstens völlig ausgeliefert ist und zweitens darauf angewiesen. Wenn das nicht die zugespitzteste Krise ist!

Stellen Sie sich vor, das Europäische Parlament besteht jetzt auch 50 Jahre, seit 1962 und ist auch ein Klarinettist. Nicht gerade pragmatisiert, aber insofern doch auch als es glaubt, gut zu spielen in seiner Apparatur, in seiner Maschinerie. Die Arbeitsintensität, die Abläufe sind sehr professionell. Das ist ein Orchester, das sich sehen lassen kann. Neues spielen kann es nicht. Wenn man das Parlament mit einer fulminanten Krise konfrontiert, dann sieht man ja, dann hält es ganz still. Die Regierungen sind Feuerwehren und agieren jenseits des Rechts. Im Parlament kann man ein- und ausgehen und fragen: „Warum?" – „Das ist jetzt alles ganz dringlich und die darf man nicht stören." Aber ich frage: „Warum bildet ihr die gaffende Menge an der Brandstätte statt die nächsten Schritte zu überlegen? Was, wenn die Feuerwehr abzieht?" Da muss man auch hingehen und sagen: „Was die Krise löst, habe ich nicht."

Es hat niemand die Partitur für die große Krise. Ich brauche diese Menschen. Was ich aber brauche, ist, was Cage sagt: „Ich brauche neues Denken. Macht das integer. Schau noch einmal hin, was ist soziale Gerechtigkeit. Ihr habt Wahlkämpfe damit geführt, ihr habt sie ins Parteiprogramm geschrieben. Schaut noch einmal hin, was das Wort sagt." Heißt Solidarität in griechischen vollen Straßen oder spanischen Polizeischlachten etwas anderes? Oder soll man plötzlich Mindestrentnern 20 Prozent weniger bei steigenden Preisen zahlen? Sollen in den Lebensmittelgeschäften Brotüberfälle stattfinden? Zwingt uns das, alle Begriffe auf ihre Integrität hin zu prüfen, um auch etwas Neues hervorzubringen, um dann auch nobel handeln zu können? Diese Krise ist exemplarisch. Er kann seine Komposition nicht spielen. Erstens ist sie nicht fertig, dazu muss er auf der Suche nach Integrität einen Spielraum lassen, er muss den Vogel aus dem eigenen Nest fliegen lassen. Er fürchtet die Auflehnung, er spricht sie sogar an. In dieser äußerst prekären Situation schafft er etwas, was vor unser aller Augen ein Urproblem löst. Die Krise ist ja angeblich offen und die Griechen sagten, es sei die Stunde der Entscheidung. Aber niemand kann eine Technik, eine Methodik, ein Verfahren nennen, wie in einer Krise nicht alles den Bach runter geht. Wie ist ein konstruktiver Weg möglich, um diese Krise tatsächlich für eine Entscheidung zu öffnen? Da kommt Cage und sagt: Es geht nicht, indem ich Euch zwinge, meine Partitur zu spielen, ich habe sie gar nicht. Ich kann Euch nicht sagen, wie der Ton klingt, den ich von euch erwarte, ich habe ihn gar nicht. Ihr müsst den Vogel aus dem Nest fliegen lassen. Ihr müsst ihn selbst finden." Aber er schafft ein Verfahren, einen Dialog, in dem der Vogel aus dem Nest fliegt. Dieses Verfahren ist tatsächlich ein abstraktes, in dem nicht nur Kunst entsteht, sondern in dem alles menschliche Handeln geschieht.

Sarah Spiekermann: Ich hätte eine Frage an Sie: Wer oder was ist John Cage im politischen Raum? Sie dürfen nicht vergessen, der war ja da und hat gesagt: Fliegt frei!

Christian Scheib: Ich möchte nur einmal kurz korrigieren: Er hatte eine Partitur.

Sarah Spiekermann: Er nutzt das System ja selbst.

Johannes Voggenhuber: Stellen Sie sich den Vorgang, wenn Karajan den Figaro spielen will, die Augen schließt und sagt: „Das war's noch nicht" vor oder ob ein Dirigent sagt: „Diesen Ton, für den wir die Eintrittspreise verlangen und die Subventionen bekommen, und für den Du 30 Jahre lang hier sitzt und pragmatisiert bist, den will ich nicht hören." Der Ton, den er hören will, steht aber auch nicht auf dem Notenblatt.

Christian Scheib: Das ist der Punkt, wo wir, die wir mit Cages Klängen arbeiten, ein bisschen vorsichtiger mit den Analogien sind. Wie wir am Anfang gesagt haben, mag das alles nach Neuerfindung klingen, aber selbst die Klänge, die in diesem Text angesprochen sind, stehen in den Noten. Nur stehen so wenige drinnen, dass die dazwischen anfangen albern zu werden. Im Gegensatz zu vielen anderen Ansätzen im 20. Jahrhundert, wo Künstler komplett anders dachten, von Improvisationskonzepten bis hin zu Fluxuskonzepten – da gibt es viele andere Ansätze – hat Cage mit wenigen Ausnahmen und besonders in den Orchesterstücken genau gewusst, wer was spielt. Er ist zu jedem einzelnen Orchestermusiker vorher hingegangen, hat mit dem das Instrument in die Hand genommen und gesagt: „Jetzt probieren wir alles aus, was geht", auch, wenn da Töne dabei sind, die Karajan nie hätte hören wollen. Aber er hat sie zuerst ganz genau ausgetüftelt. Wie geht das, auf der Geige diesen Klang auszuprobieren, den er hören will – und den hat er dann in die Noten geschrieben. Wenn es bei einer anderen Aufführung einen Geiger gab, der das nicht mit ihm einstudiert hatte, dann konnte es passieren, besonders in den 50er Jahren, aber es passiert bis heute, dass das vor einen Orchestermusiker hingelegt wurde und der sagte: „Das geht nicht." Manchmal stimmt das auch. Manchmal habe ich Komponisten erlebt, die haben Noten geschrieben, die außerhalb der Range dieses Instruments waren. Das kommt vor. Im Normalfall ist das nicht so, der Komponist weiß genau, dass es geht, wenn man sich genug bemüht. Ich sage das wegen der Analogie zu anderen Vorgängen: Wenn wir Cage als Ausgangspunkt nehmen und nicht einfach das 20. Jahrhundert, muss man an diesem Punkt sehr vorsichtig sein. Selbst die Stücke, die bis heute am provokantesten klingen würden – das sind vermutlich die großen Orchesterstücke aus den 50er Jahren wie das Klavierkonzert oder ähnliche Werke – würden auch dem nicht entsprechen, was Sie, Herr Lohner, gesagt haben, was die Durchhörbarkeit betrifft: dass sie wie fast wie Loungemusik klingen. Das passiert mit den späten Stücken mit ihren vielen Liegetönen, aber mit Sicherheit nicht mit den Stücken aus den 50er Jahren, auch wenn man sie jetzt spielt. Wir sollten nicht in die Falle tappen, dass wir dieses „Emblem" John Cage nehmen und völlig darauf vergessen, dass er 50 Jahre lang unfassbar viele komplett verschiedene Ansätze entwickelt hat, nicht nur den einen, vom dem in der Rede die Rede ist.

Henning Lohner: Natürlich, das ist keine Musik, wo sich ein Stück wie das andere anhört.

Klaus Lang: Ich würde gerne etwas sagen, was die konstruktive Seite der Musik betrifft. Die Arbeiten von John Cage sind kompositorisch wahnsinnig komplex. Sie sind sehr maschinell, er hat auch Computer benutzt, um seine Verfahren zu steuern. Für mich ist der wesentliche Punkt, dass er als Komponist, wie er es auch von jedem Musiker verlangt, die Disziplin hat, dass er genau und konzentriert, das eine kleine Ereignis hervorbringt. So sind auch seine Partituren. Bei allem, was er schreibt, ist genau definiert, was zu passieren hat. Auch warum das zu passieren hat, ist im Normalfall klar und regelhaftig vorgegeben. Das hat auch etwas mit seinem Begriff von Verantwortung zu tun. Er übernimmt die Verantwortung für die einzelnen Ereignisse, die er in der Partitur fixiert. Seine Kompositionsweise ist eine sehr altmeisterliche. Für mich ist sie dem Kontrapunkt des 16. Jahrhunderts sehr ähnlich. Es gibt ein vorgegebenes Material – das ist bei Cage anders, im 16. Jahrhundert sind es meist Gregorianische Choräle. Der

Komponist hat ein ganz strenges Regelsystem, mit dessen Hilfe er diese Choräle anordnet und hält seinen persönlichen Geschmack relativ weit draußen. Cage geht genauso vor: Er hat ein sehr offenes Material und sehr strenge Regelsysteme, denen er das Material unterwirft, um es zu ermöglichen, dieses Material anders zu sehen, neu zu sehen, neue Aspekte in dem Vorhandenen zu sehen. Es geht nicht um Phantasie oder die Entfaltung von Persönlichkeiten, es geht um das Erforschen von Neuem im Bekannten. Um das zu ermöglichen, entwickelt er einfach kompositorische Strategien. Die geben dem einzelnen Musiker einen kleinen Bereich von Freiheit, aber dieser Bereich ist genau so gewählt, dass dann wieder die Klänge hervorgebracht werden, die Cage interessieren oder die er gerne hören möchte.

Johannes Voggenhuber: Ich werde mich hüten, mich mit Musiktheoretikern anzulegen, aber als Text kann ich ihn analysieren, da ist er mir zugänglich. Ich denke, dass sich ein Mensch mit kaum etwas so schwer tut, wie Widerspruch auszuhalten. Wir haben so frisch fröhlich von Chaos und Disziplin gesprochen. Kaum darf das Chaos ein wenig aufleuchten, schreien alle nach Disziplin: „Nein, er hatte die Route vorgegeben, es stand auf dem Papier." Ich denke, wir haben es mit der Schwierigkeit zu tun, einen Widerspruch auszuhalten, obwohl wir ihn gerade gepriesen haben. Also ich spreche vom Text und es gibt auch eine Differenz zwischen seiner Musik und diesem Text. Er hat nämlich eine Rede gehalten und ich weiß nicht, ob er in der Musik all das getan hat, wovon er hier gesprochen hat, aber was er gesprochen hat, weiß ich. Und da gibt es einen spannenden Satz: „..tun Sie, was Sie können, um dem Stück zu ersparen, dass es der Aktivität einer Herde von Schafen gleicht. Lassen Sie es die Aktivität von 86 Menschen sein, die auf Grund einer Wahrscheinlichkeit zusammenkamen …". Seine Komposition ist nur eine Wahrscheinlichkeit.

Klaus Lang: Ich glaube, die Wahrscheinlichkeit ist einfach die, dass diese 86 Musiker gerade dasitzen.

Johannes Voggenhuber: „.. die auf Grund einer Wahrscheinlichkeit…", das ist die Herde der Schafe! Eine Möglichkeit, die durch eine Komposition präformiert ist, ist eine Wahrscheinlichkeit, aber noch nicht mehr. Die Wirklichkeit ist eine der 86 und nicht des Komponisten.

Publikum: Ganz praktisch hat dieses Orchester dieses allgemeine Dilemma mit dem „Sich einer Anweisung unterwerfen", und das hat man auch ganz praktisch mit der Regierung und mit Behörden.

Henning Lohner: Ich glaube, das ist das Großartige an Cage und sie haben es genau auf den Punkt gebracht: Für mich ist das der Kern des kompositorischen, ästhetischen und auch persönlichen Wesens von Cage. Worüber wir eigentlich reden, ist, warum dieser Mensch so ein umfassendes Wirken hatte. Sie haben das beschrieben: Es berührt letztlich jeden Menschen, wenn auch anders, als wir gedacht hätten. Das meinte ich. Klar, bei den großen Orchesterstücken steht man vor so einem Berg von einem Klang und weiß überhaupt nicht, wo man steht. Aber es berührt einen trotzdem, wenn man sich darauf einlässt. Ich würde dazu gerne eine Geschichte erzählen: Dieser innere Widerspruch war bei Cage, wie ich finde, auf unterschiedlichste Art und Weise angelegt – mal brutaler und mal ganz zart. Wenn man von der Unmöglichkeit spricht, manche Genauigkeiten auszuführen, gibt es schöne Beispiele in den Werken der 50er Jahre, in den Zahlenwerken oder auch Water Music, Music of Changes, in denen die Zeitspannen zwischen den einzelnen musikalischen Akkorden oder Tönen immer größer werden, als ob das, was dann in 4'33" an Raumklang dazukommt, als Zufallsklang, sozusagen in die Komposition eindringt. John Cage hat in seinen Schriften auch ganz selten von 4'33" alleine gesprochen, es war ihm unangenehm. Es gibt nur zwei Texte in seinem Gesamtwerk, wo er sich überhaupt auf das Stück bezieht. Er spricht sonst nur von den „silent pieces", dazu gehört 4'33"", aber auch 0'00", die Zahlenstücke der 50er Jahre und viele mehr. Er wollte also dieses Stück in seiner Wirkung in einen Kontext stellen, so hat er es immer begriffen und dargestellt. Wenn man sich zum Beispiel in Water Music ansieht, wie diese verrückten Klänge notiert sind, dann steht da zum Beispiel: „Spielen Sie den Akkord genau bei Minute 18, 23 Sekunden und 437 Millisekunden." Das kann natürlich keiner, aber es geht um den Gestus und den Effort, das so dort zu platzieren, dass es dann doch irgendwie stattfindet. Man weiß in dem Moment, in dem man es spielt: Es geht gar nicht, man kann es nur approximieren.

Diese Spannbreite zwischen Genauigkeit und Ungenauigkeit, die oft im gleichen Moment vorkommt, das macht Cage als Wesen und ist, was wir erleben, wenn wir mit seinem Werk in Berührung kommen. Der Film One11, weswegen ich heute hier sitze, war Cages letztes Werk. Dieser Film ist 90 Minuten Licht und Schatten, am Ende steht aber „The End". Das ist ein interessantes Phänomen. Der Film ist 90 Minuten lang und soll als Endlosschleife begriffen werden. Man kann ihn so auch in einem Raum als Kunstwerk zeigen, als bewegtes Bild. Man kann ihn auch im Fernsehen aufführen. Dann hat er nochmal eine andere Wirkung. Im Konzertsaal, bei der Uraufführung mit der alten 35 Millimeter-Kopie, gab es aber dieses „The End", das schon auch irgendwie mit zum Werk gehört. Warum steht dieses „The End" da? Das ist der klassische Widerspruch, den Cage manifestiert. Dafür gibt es unterschiedliche Erklärungen oder Wirkungen, und Cage war sich dessen bewusst, dass es nicht immer eine Lösung gab. Er hatte die Begabung, in das Werk mehrere Lösungen hineinzubringen. Die romantische Lösung war: Das Werk, das aus Schattenspielen besteht, dieser 1992 fertiggestellte Schwarz-Weiß-Film, fußt auf einer romantischen Erfahrung, die er als junger Mensch in Italien hatte. Er sah eine Leinwand auf einem Dorfplatz flattern und der Film wurde nie aufgeführt, aber er war fasziniert von dieser leeren Leinwand und den Schattenspielen darauf. Trotz aller Zufallsoperatoren, trotz aller kompositorischen Mechanismen war es eine Erinnerung, die ihn in seiner Kindheit, in seiner Jugend, Spaß gemacht hat. Das „The End" kommt daher, weil in seiner Jugend und Kindheit alle Schwarz-Weiß-Filme ein „The End" hatten. Er wusste auch, dass er mit 80 bald am „The End" steht. Ich schlug ihm dieses Projekt vor und irgendwann wurde er in einem Interview gefragt, warum er es angenommen hatte – es ist ein ziemlicher Aufwand, so einen Film zu produzieren – und er sagte: Wenn er diese Möglichkeit ins einem Alter bekommt, muss er drauf springen.

Jetzt kommt die Pointe: Bei der Uraufführung war er gerade drei Wochen verstorben. Wolfgang Becker-Carsten, eine Koryphäe, ein Redakteur beim WDR für zeitgenössische Musik der Nachkriegszeit, der hunderte, wenn nicht tausende von Kompositionen in Auftrag gegeben hatte, sah das und war sich sicher, dass das mit „The End" nicht stimmen konnte. Er war damals 26 und er war sich sicher, dass das mein Werk war. Ich war also der Frevler, der diesem wunderbaren Schattenfilm ein „End" aufgedrückt hatte, ein finales. Bei der Uraufführung mit dieser riesigen wunderbaren 35 Millimeter-Projektionsmaschine meint Wolfgang: „Ihr müsst diesen Film anhalten, damit dieses „The End" nicht zu sehen ist. Niemand hatte bedacht: Diese alten mechanischen Maschinen, die halten nicht einfach an. Das ist wie bei einer Bremse: Die läuft dann noch ein bisschen weiter. Schließlich stand dann dort eine Viertelstunde lang „The End", bis sie das Licht ausschalteten. Wenn sie das weiter hätten laufen lassen, wäre es nach fünf Sekunden vorbei gewesen. Das sind die Spiele, die mir dazu einfallen.

Michael Kerbler aus dem Publikum: Mich würde der Zen-Buddhismus interessieren, der noch nicht angesprochen worden ist – also das Spirituelle, das ja auch im Text vorkommt. Ich finde es wunderbar, dass sie das Zyklische, die Schleife, das Asiatische, wenn Sie so wollen, angesprochen haben. Es erinnert mich daran, dass es im Zen-Buddhismus ja auch heißt, man soll aufhören zu suchen, weil man nur dann findet. Auch so kann man Cage hören. Mich würde interessieren, welche Rolle Zen-Buddhismus für John Cage, auch in der Komposition, spielte.

Sarah Spiekermann: Ich habe mir auch genau über diesen Punkt Gedanken gemacht und möchte ihn aus der Sicht der Wissenschaftlerin beantworten. Sie haben ein ganz strenges Reglementarium, nach dem sie arbeiten. Da muss jeder Handgriff sitzen, da dürfen auch keine Fehler gemacht werden. Aber mit diesem Instrumentarium schaffen Sie keinen wissenschaftlichen Fortschritt. Den schaffen Sie nur mit dem, was wir „Wissenschaftsgen" nennen. Im Zen-Buddhismus könnte man auch sagen. Sie brauchen einen Link nach oben. Sie müssen, was er hier beschreibt, als Mittler handeln: „… sondern einfach wie ein Mittler handelten, der Kraft einer gewissen Magie imstande ist, diesen Klang, der sein eigenes Zentrum hat, zur Existenz zu bringen." Sie haben sich vorher ein bisschen ereifert, warum hier so wissenschaftlich und hart gearbeitet werden muss. Ja, das muss sein, damit dann die Antenne durchleitet. Der Zen-Buddhismus sagt im Unterschied zum klassischen Buddhismus: Man muss es praktisch umsetzen. Man hat dieses buddhistische Element, das alles magisch durchfließt. Man bekommt die Information, und dann muss man es im Zen-Buddhismus umsetzen. Zur Umsetzung muss man wissen wie man umsetzt, und dafür brauchen wir die Methodik.

Christian Scheib: Ich kann einen Text aus Cages Textsammlung „Indeterminacy" vorlesen. Cage hat Kürzestgeschichten geschrieben, die sich in einer Minute Lesezeit ausgehen sollten. Manche haben so wenig Text, dass man sehr langsam lesen müsste. Andere haben so viel Text, dass man es unmöglich schaffen kann. Es gibt auch eine Geschichte zum Orchesterthema, die können wir auch noch kurz vorlesen. In dieser Sammlung mischen sich persönliche Erfahrungen und es tauchen kleinere Auseinandersetzungen mit dem Zen-Buddhismus und anderen spirituellen Strömungen auf. Manche sind charmant und haben fast eine Pointe. Eine Geschichte lautet: „Zwei Mönche kamen zu einem Fluss. Einer war Hindu, der andere Zen. Der Inder begann den Fluss zu überqueren, indem er auf der Wasseroberfläche wandelte. Der Japaner wurde ganz aufgeregt, und er rief ihm nach zurück zu kommen. ‚Was ist los?' sagte der Inder. Der Zen-Mönch sagte: ‚Das ist nicht der richtige Weg, den Fluss zu überqueren. Folge mir!' und er führte den Inder an einen Ort, an dem das Wasser so seicht war, dass sie durchwateten."

Henning Lohner: Es gibt schöne Beispiele in Cages graphischem Werk. Er fing ja als Maler an und erklärte auch oft, dass er aufgrund seiner Studienzeit bei Schönberg vom Malen abgekommen ist und sich auf die Komposition konzentriert hat. In den letzten 15 Jahren seines Lebens kam er aber darauf zurück. Er kam auch zu sehr interessanten Ergebnissen, wie wir finden. Er benutzte den Ryoanji-Garten in Kyoto als Matrix, Blueprint oder Architekturplan für diese Serie an Zeichnungen, die er da entwarf. Warum? Weil es ein Zen-Garten ist und er die Bedeutung dessen, was man dort tut – die absichtslose Absicht oder umgekehrt die absichtsvolle Absichtslosigkeit – in dieses graphische Werk hineinbrachte, indem er beispielsweise Steine aus dem Garten nahm und sie einfach nur mit dem Bleistift umkreiste. Er nahm sich selbst soweit er konnte heraus aus diesem Prozess des Herstellens von etwas. Das ist schon mal eine Beschreibung, was da passiert, wenn Sie fragen, wie Zen in Cages Werk kommt – diese absichtsvolle Sinnlosigkeit. Ich habe ihn bei dem Film einmal gefragt: „Wie kann es sein, dass Du dauernd sagst, Du stellst anarchische Situationen und Anarchie her? Da muss sich doch jeder vernünftig denkende Mensch sagen: ‚Das ist ein Widerspruch in sich selbst!' – selbst wenn man die großen schönen Definitionen von Anarchie kennt, weil er ja die Situationen oder das Spielfeld geschaffen hatte. Die Antwort war – ähnlich wie bei „The End“: „I do it so to say stupidly.“ – „Ich mache das, ohne darüber nachzudenken, wie ein Dummer.“ Ob das nun stimmt oder eine Provokation ist – es ist ein guter Ansatz. Man steht in dem Garten und macht eine Figur, möglichst, indem man sich in die Situation hineingibt und nicht darüber nachdenkt. Das wäre eine Antwort auf die Frage, wie Zen da hineinkommt.

Christian Scheib: Ich habe noch eine weitere von diesen Unbestimmtheits-Geschichten, die mit der Zirkularität oder der Dauer, die angesprochen wurde, zu tun hat. Sie hat weniger Pointe, ist aber auch ganz charmant: „Im Zen-Buddhismus sagt man, wenn etwas nach zwei Minuten langweilig ist, probiere es vier Minuten. Falls es immer noch langweilig ist – acht Minuten, 16, 32, und so weiter. Schließlich wird man merken, dass es überhaupt nicht langweilig ist.“

Klaus Lang: Ein Zen-Lehrer hat folgende Geschichte erzählt: In einem Zen-Kloster gibt es eine ganz strenge Ordnung. Man steht um drei Uhr auf, jede Bewegung ist durchchoreographiert: Wie setzt man sich hin, wie steht man auf, wie isst man – alles folgt einer Ordnung. Er sagte in einer Rede, er könne die Individualität jedes einzelnen erkennen, weil eben jeder versuchen muss, sich auf die bestimmte Art zu setzen und eine gewisse Form beizubehalten. Erst durch das Halten an die Form wird die Individualität erkennbar. Das hat auch sehr viel mit der Kompositionsweise von Cage zu tun, dass er einfach die Klänge erforschen und hören wollte, was zu hören ist. Um das zugänglich zu machen, hat er sich dieser Kompositionstechniken bedient. Das ist auch eine Zen-Haltung, dass man eben nicht versucht durch die Kompositionstechnik seine Phantasieobjekte zu projizieren, sondern das freizusetzen, was in den Klängen da ist.

Johannes Voggenhuber: Es wird mir hoffentlich niemand zumuten, eine Analogie zwischen Zen und der Politik herzustellen. Das würde mich restlos überfordern, und ich glaube auch einen Buddhisten. Das ist hier eine Schule, und ein Begriff, um den er immer wieder kreist, ist die Intentionslosigkeit. Wenn ich es politisch betrachte, ist die Wahrnehmung der Wirklichkeit, geschweige denn das Darüber-Reden, Denken, Vermitteln, Kommunizieren, Ausverhandeln, Auseinandersetzen, immer mit Intentionen, also Absichten beladen. Philosophisch betrachtet bestimmt das Sein das Bewusstsein, das Interesse bestimmt die Sprache, die Wahrnehmung der Wirklichkeit. So einen radikalen erkenntnistheoretischen Ansatz gegenüber zu stellen, dem kann oder sollte sich letztlich die Politik genauso wenig entziehen, wenn sie nobel handeln will, dass es möglich sein muss, vor allem in der Krise, wo alle Gefüge auseinander sind und der Verteilungskampf droht, nicht das eigene Interesse bis in die eigenen Intentionen hinein, bis ins

Unterbewusstsein hinein wirken und reden zu lassen, sondern – und das ist Disziplin, geradezu eine Meditationsstunde, ein Fitnessprogramm, an dem man sich abstrampeln kann – zu versuchen, etwas zu Wort kommen zu lassen, ohne es schon im ersten Vokal absichtsvoll zu benutzen. Das wird uns helfen, den freien Geist auch für die Technik, auch für die Gesellschaft zu haben, wenn wir den anderen mehr zu Wort kommen lassen als wir es in der bisherigen Ordnung gewohnt sind. In der Krise brauchen wir das.

Christian Scheib: Es gibt einen Tipp, den man dank Youtube leicht nachvollziehen kann: Cage ist 1962 einmal in einer amerikanischen Fernsehshow aufgetreten wo jemand wie Cage komplett fehl am Platz war. Es war eine Ratequizshow und Cage führte den Water Walk auf. Cage wollte dass fünf kleine Transistorradios während seiner Performance ein- und ausgeschaltet werden sollten und es hatten sich am Nachmittag die Gewerkschaften gemeldet. Plötzlich waren sich zwei Unions nicht einig, wer für das Einschalten von Radios auf der Bühne zuständig sei. Das alles sagt der Moderator, und Cage sagt: Nur damit das Publikum sich nicht wundert – wo in der Partitur steht, ich schalte das Radio ein, haue ich drauf, und wo steht, ich schalte es aus, werfe ich es runter. Und dann macht er diese Performance, und wir bräuchten ganz viele theoretische Diskussionen über Disziplin, Haltung, Ernsthaftigkeit und Anarchie, wenn man diese paar Minuten ansieht. Mit welcher Grandezza und Ernsthaftigkeit er diese absurden Vorschriften von Klangerzeugung einhält, die er sich selber gibt, mit der Stoppuhr in der Hand. Es geht ja darum, nicht irgendwann Krach zu machen sondern zu einem bestimmten Zeitpunkt. Wenn man sich dieses kurze Video anschaut, versteht man ganz viel von diesen vergnüglichen Widersprüchlichkeiten, die da drin stecken. Und nun noch die letzte Geschichte: „Im chinesischen Gedichtwettbewerb durch den der sechste Patriarch des Zen-Buddhismus ausgewählt wurde, gab es zwei Gedichte. Eines lautete: ‚Der Geist ist wie ein Spiegel. Er verstaubt. Das Problem besteht darin, den Staub zu entfernen.' Das andere, nämlich siegreiche, Gedicht, war genaugenommen eine Antwort auf das erste. Es lautete: ‚Wo ist der Spiegel¿ Und wo ist der Staub¿' Einige Jahrhunderte später lebte in einem japanischen Kloster ein Mönch, der ständig badete. Ein jüngerer Mönch trat zu ihm und sagte: ‚Wenn es doch keinen Staub gibt, warum badest Du ständig¿' der ältere Mönch erwiderte: „Einfach ein Bad, kein Warum."

DIE GIER NACH IMMER MEHR: DIE GESCHICHTE DER WÜNSCHE

Tomáš Sedláček

Wir wollten Liebe finden,
Wir wollten Erfolg,
Bis nichts mehr genug war,
Bis nur noch das Übermaß zählte.
P. J. Harvey, »We Float«

Wenn die Büchse der Pandora sich öffnet, gibt es immer viele Probleme. Doch wer war Pandora eigentlich, und was genau enthielt ihre Büchse? In diesem Kapitel werde ich mich mit der Entstehung des menschlichen Begehrens befassen – um es in der Sprache der Wirtschaft auszudrücken: mit der Geburt des Bedarfs und der Nachfrage nach Dingen, die (zum Überleben) nicht erforderlich sind. Das ist der Punkt, an dem der Nutzen begann, der sich aus äußeren Dingen ergibt, aus Dingen, die wir »nicht brauchen«. Da die Ökonomie so viel Gewicht auf das Konzept der Befriedigung der Bedürfnisse (der Begierden) legt, sollte uns das interessieren.

Der griechischen Mythologie zufolge war Pandora die erste Frau (also eine Art Gegenstück zur alttestamentlichen Eva). Im Gegensatz zu Eva, die als »Hilfe, die dem Menschen entsprach« erschaffen wurde, kam sie jedoch als Rache der Götter an den Menschen in die Welt. Sie hatte eine Büchse (genauer gesagt: einen Krug) bei sich, die alle erdenklichen Leiden und Übel enthielt, Dinge, die auf der Erde bis dahin nicht existiert hatten. Nachdem sie sie aus Neugier geöffnet hatte, kamen das Böse, Krankheit und (das interessiert uns hier am meisten) der Fluch der Arbeit in die Welt. Die Arbeit, bis dahin angenehm und erfreulich, wurde jetzt hart und anstrengend. Pandora schloss ihre Büchse zwar schnell wieder, doch es war bereits zu spät.

Der Fluch der Götter: Die abscheulichen Ansprüche

In der Geschichte von Eva und Adam (Adam spielt in der Geschichte vom Garten von Eden eine so passive Rolle, dass ich dazu neige, ihn an die zweite Stelle zu setzen) können wir etwas Ähnliches lesen. Nach dem intellektuellen Zusammenstoß mit der Schlange (aus dem Adam sich völlig heraushielt) kostete Eva (auch aus Neugier?) von der verbotenen Frucht; daraufhin wurde der Mensch aus dem Paradies verbannt und das Böse kam in die Welt. Die Verbannung aus dem Paradies ist ausdrücklich mit dem Fluch der Arbeit verbunden:[1] »So ist verflucht der Ackerboden deinetwegen. Unter Mühsal wirst du von ihm essen alle Tage deines Lebens. ... Im Schweiße deines Angesichts sollst du dein Brot essen ...[2]

Daraus ergeben sich für uns gleich mehrere interessante Punkte. Erstens erinnert die Menschheit sich in ihren Geschichten an eine Zeit, in der die Arbeit angenehm war. Der Mensch musste selbst im Garten von Eden arbeiten. Gott setzte ihn in den Garten, »damit er ihn bebaue und hüte«.[3] Der ursprüngliche Zustand der Vollkommenheit war für die ersten Kulturen also nicht Untätigkeit, sondern angenehme Arbeit.

Zweitens wird das Böse in beiden Geschichten durch ein Begehren, durch Neugier, insbesondere durch einen übertriebenen Anspruch und Unersättlichkeit (oder, wenn man so will, ein Gefühl des Mangels) auf die Erde gebracht. Eva und Adam hätten eine Fülle von Früchten von »allen Bäumen des Gartens« essen dürfen,[a] doch das reichte ihnen nicht. Wir wissen nicht, was eine so unbescheidene Gier in den ersten Menschen weckte. Was fehlte ihnen in der Voll kommenheit des Paradieses? In diesem Sinne gleicht die Geschichte der von Pandora. Beide Geschichten zeigen uns etwas: Selbst wenn wir von allem genug haben und in einem Paradies leben, wird uns das noch nicht reichen – wir werden immer (ganz unnötigerweise) dazu neigen, das zu konsumieren, was wir gar nicht zu konsumieren brauchen (oder sogar nicht konsumieren dürfen), und die Büchse der Pandora zu öffnen.

Am Ende des ersten Films der Matrix-Trilogie sagt Agent Smith zu Morpheus, die erste Matrix habe eine vollkommene menschliche Welt sein sollen, eine Welt, in der niemand leiden und jeder glücklich sein würde. Das sei jedoch ein völliger Fehlschlag gewesen, niemand habe das Programm akzeptieren wollen. Dann stellt er Vermutungen über den Grund für diese Anomalie an – manche glaubten, es habe ihnen an der Programmiersprache für die Beschreibung der vollkommenen Welt gefehlt; er selbst sei jedoch der Ansicht, dass die Menschen sich als Spezies in Wirklichkeit durch Leid und Not definierten.[4] Lowry zieht aus der Geschichte vom Garten von Eden ähnliche Schlussfolgerungen: »Als Adam und Eva die verbotene Frucht des Baums der Erkenntnis aßen und das Recht für sich beanspruchten, selbst zu entscheiden, wurden sie aus der Welt des Überflusses in die des Mangels gestoßen, um ihr Brot ›im Schweiße ihres Angesichts‹ zu essen. Das moralische Thema ist, dass Wissen und eigene Entscheidungen in einer Welt des von Gott auferlegten oder natürlichen Mangels eine Belastung sind.«[5]

Drittens hat der göttliche Fluch keinen direkten Charakter; die Gottheit öffnet vielmehr Wege, sie erlaubt den Menschen, ihr Unglück selbst über sich zu bringen. Das gilt für den verbotenen Baum im Garten von Eden ebenso wie für die verbotene Frucht in Form der Büchse der Pandora. Begehren und Neugier sind Schwestern. Selbst der verbotene Baum war »eine Augenweide«[6] – wie in der Werbung, die das Auge ebenfalls erfreuen muss. Die Werbung spricht zudem häufig unsere arationale (man möchte sagen: animalische) Seite an.[aa] Auf irgendeine Weise weckt die Schlange (das Animalische) in Eva ein Begehren, das sie

[a] Genesis 2,9: »Gott, der Herr, ließ aus dem Ackerboden allerlei Bäume wachsen, verlockend anzusehen und mit köstlichen Früchten, in der Mitte des Gartens aber den Baum des Lebens und den Baum der Erkenntnis von Gut und Böse.«

[aa] Die Werbung »schmiedet Verbindungen zwischen dem Konsumenten (einer Ableitung des heiligen Individuums) und den in den Waren verkörperten Werten. Es ist aufschlussreich, dass sie nicht so sehr den rationalisierten (monetären) Wert hervorhebt als vielmehr Eigenschaften, deren Wert sich nicht messen lässt. . . . Sie liefert daher . . . einen Mechanismus für die Festlegung vorübergehend vorherrschender Moden für die Umsetzung des Heiligen im Alltagsleben.« (Boli, »The Economic Absorption of the Sacred«, 104)

bis dahin nicht hatte, ein Begehren nach Dingen, die sie keinesfalls brauchte. In diesem Kontext ist der Ausdruck »Begehren wecken« besonders passend – es wird etwas aktiviert, was bereits in uns war, aber schlief. Die Schlange erschuf das Begehren nicht, sondern weckte es.

Häufig herrscht die mittelalterliche Vorstellung vor, dass die erste Sünde im Garten von Eden sexueller Natur war, dass es sich um ein sexuelles Begehren handelte. Dafür gibt es aber keine überzeugende Argumentation. Ich möchte diese Sache aus einem anderen Blickwinkel betrachten: Mir erscheint es viel wahrscheinlicher, dass die erste Sünde den Charakter eines (übermäßigen) Konsums hatte. In der Geschichte vom Garten von Eden konsumieren Eva und Adam die Frucht buchstäblich (das Wort »aß« wird wiederholt): »Sie nahm von seinen Früchten und aß; sie gab auch ihrem Mann, der bei ihr war, und auch er aß.«[7]

Dem Historiker Norman Davies zufolge »betrat Adam Smith das Reich der Ökonomie, indem er sich nach den Auswirkungen der menschlichen Gier fragte«.[8] Gemäß dieser durchaus nachvollziehbaren Interpretation seiner Gründe für die Untersuchung der Quelle des Wohlstands der Nationen steht die Gier nicht nur an der Wiege der theoretischen Ökonomie, sondern auch an der Wiege unserer Geschichte, in Form des Konzepts der ersten Sünde.

Die Ökonomie des Begehrens: Die Abschaffung der Genügsamkeit

Nach den Hebräern und den Griechen möchte ich jetzt noch eine dritte alte Kultur ins Spiel bringen: die sumerische. Im Zusammenhang mit dem Gilgamesch-Epos habe ich ja gezeigt, dass Enkidu ursprünglich – wie Pandora – von den Göttern als Strafe gesandt wurde, dann aber Gilgameschs Begleiter fürs Leben wurde, so, wie es auch bei Adam und Eva vorgesehen war.

Enkidu lebt ursprünglich im Wald, wie ein Tier. Und eine Frau, die Tempeldirne Schamchat, bringt ihn in die Stadt und macht ihn symbolisch zu einem Menschen. Diese Sache können wir auf zwei Weisen betrachten, die sich letztlich offenbar ergänzen.

In dem Epos ist in gewissem Maße eine Frau (die Dirne) Enkidus Untergang. Bis dahin war Enkidu zufrieden, er hatte keine Begierden, sondern nur Grundbedürfnisse – Nahrung, Obdach, Sicherheit. Diese Grundbedürfnisse konnte er sich sogar selbst erfüllen, ohne Zivilisation, wie ein Tier. Doch dann kam Schamchat und zeigte ihm, was er begehren sollte. Slavoj Žižek[9] zufolge muss man uns zeigen, was wir begehren sollen (in dieser Hinsicht ist die Werbung ein für unsere Gesellschaft ganz wichtiger Faktor).[a] Damit ging zum ersten Mal das Verlangen nach mehr einher. Solange Enkidu wie ein Tier lebte, gab es keine Unzufriedenheit, kein Begehren; er hatte alles, was er brauchte, denn er brauchte nicht viel. Alfred Marshall schreibt: »Der unzivilisierte Mensch hat allerdings nicht viel mehr als das rohe Tier; aber jeder Schritt vorwärts vergrößert die Mannigfaltig-

[a] Hier besteht eine Wechselbeziehung: Einerseits braucht die Werbung die Konsumenten, andererseits brauchen die Konsumenten die Werbung – damit sie ihnen sagt, was sie haben wollen sollten. Für Weiteres siehe Boli, »The Economic Absorption of the Sacred«, 105. Rushdie schreibt in diesem Kontext: »Kein Wunder, daß die Werbung beliebt war. Sie machte alles besser. Sie zeigte einem den Weg.« Rushdie, Wut, 53f.

keit seiner Bedürfnisse und seiner Methoden, diese zu befriedigen.«[10]

Jetzt, da er mehr braucht, wird das Begehren geboren. Wir werden hier Zeugen der Entstehung des Verlangens (das heißt, des Begehrens von etwas, was man nicht hat und auch nicht wirklich braucht). Zugleich entfremdet Schamchat Enkidu den Tieren, der Natur, seiner natürlichen Umgebung. Sie bringt ihn in die Stadt, wo die Menschen zu Hause sind.

Wir können die Geschichte aber auch so sehen, dass Schamchat Enkidu erlöst. Sie zeigt ihm, was er begehren soll, und macht ihn damit zu einem Menschen. Sie gibt ihm ein höheres Ziel und Unzufriedenheit. Sie ist eine Kulturträgerin, sie bringt ihn zur Stadt, zivilisiert ihn und lässt ihn Bier trinken. Für Enkidu ist sie die Trägerin des Fortschritts.

Ich habe gezeigt, wie das Begehren erwachte. Ständig unzufrieden zu sein und mehr zu wollen scheint ein Naturphänomen zu sein – und das Herz unserer Zivilisation zu bilden, unseres Menschseins (was die Alten sehr gut erkannten). Wir können sogar sagen, dass die Unzufriedenheit der Motor des Fortschritts und der Marktkapitalisierung ist. Frank Knight, der wohl wichtigste Chicagoer Ökonom der letzten Generation, bemerkt: »Es liegt in der Natur des Menschen, umso unzufriedener zu sein, je besser es ihm geht.«[11] George Stigler, ein Schüler Knights, schreibt sogar: »Das mit gesundem Menschenverstand begabte Individuum wünscht sich weniger die Befriedigung seiner bisherigen Bedürfnisse als mehr und bessere Bedürfnisse.«[12]

In unserem ständigen Begehren, immer mehr zu bekommen, haben wir das Angenehme an der Arbeit geopfert. Wir wollen zu viel, und deshalb arbeiten wir zu viel. Wir sind die mit Abstand reichste Zivilisation aller Zeiten, doch wir sind mindestens genauso weit von dem Wort »genug« oder von Zufriedenheit entfernt wie in der fernen, »primitiven« Vergangenheit. Um es mit einem Satz zu sagen: Wenn wir nicht ständig um jeden Preis das BIP und die Produktivität steigern müssten, müssten wir uns auch nicht ständig »im Schweiße unseres Angesichts« überarbeiten.

Malthus zum Dritten: Der Konsum als Droge

Von dem, was wir nicht wirklich brauchen, können wir nie genug bekommen.

U2, »Stuck in a Moment«

Viele Theorien des Geistlichen Thomas Robert Malthus (1766 – 1834) waren umstritten. Er ist aber bis heute durch sein Buch Das Bevölkerungsgesetz in Erinnerung geblieben, in dem er eine interessante Theorie ausarbeitete: »Die Kraft zur Bevölkerungsvermehrung ist um so vieles stärker als die der Erde innewohnende Kraft, Unterhaltsmittel für den Menschen zu erzeugen ...«[13] Anders ausgedrückt: Die Ressourcen unseres Planeten reichen für das Wachstum der menschlichen

[a] Daher müsse die Fortpflanzung beschränkt werden. Wenn die Arbeiter aber einen höheren Lohn als das Existenzminimum bekämen, würden sie beginnen, sich fortzupflanzen, und dann würde es erneut nicht genug Nahrung geben. Nach Malthus' düsterer Auffassung werden die Arbeiter langfristig nie mehr verdienen als das Existenzminimum.

Bevölkerung nicht aus.[a] Er führte sogar an, die menschlichen Ansprüche seien (insgesamt) unbegrenzt, die (landwirtschaftlichen) Ressourcen unseres Planeten hingegen nicht. Später wurde allerdings gezeigt, dass die Erde dank der Fortschritte bei der landwirtschaftlichen Technologie, den Düngemitteln und den Pestiziden um ein Vielhundertfaches produktiver ist, als es damals den Anschein hatte, sodass dieses Problem bisher nicht aufgetreten ist. Malthus ist widerlegt worden: Es gibt genug Nahrung, nur mit ihrer Verteilung und mit der Umsetzung neuer Technologien hapert es.

Später wurde ein neomalthusianisches Argument präsentiert, laut dem das Wachstum der Fruchtbarkeit der Erde, der Technologie und der Produktivität der Arbeit Grenzen hatte, doch auch diese zweite Ableitung der malthusischen Katastrophe ist bisher nicht eingetreten. Ich möchte daher eine dritte Ableitung vorbringen: Unsere Bedürfnisse wachsen schneller als ihre Erfüllung.

Vor einiger Zeit glaubten wir, dass wir umso weniger brauchen und wollen würden, je mehr wir hätten. Das war jedoch ein großer Fehler. Unsere Bedürfnisse wachsen nämlich mit dem, was wir haben. Wir werden nie zufrieden sein. Anders ausgedrückt: Der Anstieg des Angebots wird den Anstieg der neuen Nachfrage nie einholen. Das bringt uns aber voran, wie Malthus selbst erkannte.[a] (Im Wortsinne »vorankommen« können wir natürlich nur, wenn wir ein bestimmtes Ziel haben.) In diesem Zusammenhang schreibt Don Patinkin: »Die Geschichte hat gezeigt, dass die westliche Gesellschaft ebenso schnell (wenn nicht sogar schneller!) neue Wünsche und Bedürfnisse erzeugte, wie sie die Mittel für ihre Befriedigung erweiterte.«[14] Unser Begehren kann also nie befriedigt werden, oder, wie Slavoj Žižek es formuliert: »Die raison d'etre [sic] des Begehrens … besteht nicht im Realisieren des Ziels, volle Befriedigung zu erlangen, sondern sich selbst als Begehren zu reproduzieren.«[15] Das sagt schon das Buch Kohelet: »… nie wird ein Auge satt, wenn es beobachtet, nie wird ein Ohr vom Hören voll.«[16]

Angesichts der heutigen Realität dürfte Alfred Marshall mit seiner Vorhersage eher falschliegen: »Die menschlichen Bedürfnisse und Wünsche sind endlos an Zahl und sehr verschiedenartig; aber sie sind gewöhnlich begrenzt und befriedigungsfähig.«[17] Auf unsere Bedürfnisse mag das ja zutreffen, doch für unsere Wünsche und Begehren gilt es nicht. Sie scheinen endlos zu sein. Ganz im Gegenteil: Je mehr wir haben, desto mehr scheinen wir zu wollen. Wenn wir immer mehr Konsum brauchen, wie Trinker Alkohol, um ihre Trunkenheit aufrechtzuerhalten, zeigt der Konsum aber doch die gleichen Charakteristika wie Stoffe, die süchtig machen. Sind wir nicht süchtig geworden, wenn wir aufgrund einer Stagnation beim BIP oder eines Null oder niedrigen Wachstums in eine Depression verfallen? Weshalb können wir denn nicht vernünftig sein? Weil der Konsum wie eine Droge ist.

In ihrem Buch Women *Who Run With the Wolves (Die Wolfsfrau)* präsentiert Clarissa Pinkola Estes eine interessante Beschreibung der Sucht: »Eine Sucht ist alles,

[a] Wären die Bevölkerung und die Nahrung weiter in gleichem Maße gewachsen, hätte der Mensch den Zustand der Wildheit nach Ansicht von Malthus wahrscheinlich nie überwunden. »Das Übel gibt es in der Welt, nicht um Verzweiflung hervorzurufen, sondern Tätigkeit.« Malthus, Das Bevölkerungsgesetz, 170.

was das Leben leer macht, es aber besser zu machen scheint.«[18] Salman Rushdie spricht in seinem Roman Wut von »Sünden unzulässigen Verhaltens«. Anders ausgedrückt: Wir erheben Anspruch auf Dinge, auf die wir kein Recht haben.[19] Aristoteles sieht das ähnlich: »... das Schlechte gehört zum Unbegrenzten.«[a]

Wir glaubten, die Befriedigung unserer Bedürfnisse würde uns Zufriedenheit bringen. An unserer historisch überreichen, zugleich aber überverschuldeten Gesellschaft können wir jedoch sehen, dass das ein Fehler mit weitreichenden Konsequenzen war. Die Nachfrage erzeugt schlicht neue Nachfrage. Das Angebot befriedigt unsere Ansprüche nicht, sondern erzeugt sie neu. Zudem wird die Nachfrage (das Bedürfnis, die Lust, die Begierde) mit jedem neuen Angebot immer größer – bis wir schließlich aufgrund von Übersättigung in die Situation geraten könnten, die in Psalm 107 beschrieben wird: »... denen vor jeder Speise ekelte.«[20]

Milan Kundera weist in *Das Buch der lächerlichen Liebe* (insbesondere im zweiten Teil, »Der goldene Apfel der ewigen Sehnsucht«) darauf hin, dass wir schon in der Jagd nach dem Glück ein gewisses Glück finden, auch wenn wir den Bliss Point nie erreichen. Er führt eine Beobachtung Pascals an: »... sie wissen nicht, daß sie nur die Jagd und nicht die Beute suchen.«[21] Der Ökonom Knight schreibt: »Der erlebte Lohn ist eher die Freude an der Jagd als am Besitz ... Der Mensch ist dazu verdammt, ... nach Zielen zu streben, die schneller vor ihm zurückweichen, als er sich ihnen als Individuum oder auch als Gesellschaft nähern kann. Wenn wir uns dafür entscheiden oder unser Temperament uns das diktiert, ist das Leben daher letztlich eine Art Sisyphusarbeit.«[22]

Dieser Ansicht nach kennt der Mensch seinen Bliss Point, seinen Sättigungspunkt, nicht. Wir tasten herum und suchen nach ihm, als hätten wir die Augen geschlossen, und erkennen ihn nur im Rückblick: »Ich werde nie wieder zufrieden sein!« ist der typische Satz, den man hört, nicht »Ich werde nie zufrieden sein!«. Wir wissen, dass es einen Punkt gab, an dem wir zufrieden waren, merken das aber erst, nachdem unser Nutzen verringert worden ist. Wie Georg Simmel sagt, wächst unser Verlangen nach Zufriedenheit umso stärker, je näher wir ihr sind. Das brennendste Begehren wird nicht durch das in uns ausgelöst, was ganz weit entfernt und unerreichbar ist, sondern durch die Dinge, die wir nicht haben, die aber – und diese Illusion wird durch die Monetarisierung unserer Gesellschaft verstärkt – gerade noch in unserer Reichweite zu liegen scheinen.[23] Es ist wie bei dem mythischen Schatz am Ende des Regenbogens: Je weiter wir auf den Regenbogen zugehen, desto weiter rückt er – mitsamt dem Schatz – von uns weg. »Das Genug liegt immer gerade über dem Horizont, und wie der Horizont entzieht es sich uns, wenn wir uns ihm nähern.«[24] Zwischen dem, was wir haben, und unseren Ansprüchen wird immer eine Lücke klaffen. Das Scheitern unserer Gleichgewichtswirtschaften wird noch offensichtlicher. »Je näher das Ziel, desto weiter entgleitet es uns«, singt Paul Simon.

[a] Aristoteles, Nikomachische Ethik, 1106b29-30: »Die Tugend ist also ein mittleres Verhalten, darauf bedacht, die rechte Mitte zu treffen. ... das Schlechte gehört zum Unbegrenzten, ... das Gute aber zum Begrenzten ...«

Kann das Angebot die Nachfrage je erfüllen?

Wie können wir diese Lücke überbrücken? Es scheint zwei Möglichkeiten zu geben, die Diskrepanz zwischen Nachfrage und Angebot zu minimieren. Zum einen kann man das Angebot der Güter (sowohl im Privatleben als auch bei einer permanenten Steigerung des BIP) vergrößern, bis es die Nachfrage befriedigt – bis wir sozusagen alles haben, was wir haben wollen. Das ist das hedonistische Programm. Wir müssen herausfinden, was wir wollen (ich habe oben ja zu zeigen versucht, dass schon das schwierig ist), und uns dann bemühen, es zu bekommen. Das ist eine unendliche Geschichte, wie bei der Rübe, die man dem Esel auf einem Stock vors Maul hält. Für dieses Programm haben wir uns jedoch seit der Ära der Griechen entschieden, bis heute. Nicht zuletzt deshalb ist unser BIP so stark gewachsen – weil wir das so inständig wollten.

Die andere Lösung für das Problem von Nachfrage und Angebot ist genau entgegengesetzt; wir finden sie unter den Ideen der Stoiker: Wenn es zwischen Nachfrage und Angebot eine Lücke gibt, ein Missverhältnis, sollte man die Nachfrage so verringern, dass sie dem vorhandenen Angebot entspricht. Auf dem Papier sieht das zwar einfach aus, doch es ist ein psychisch schwieriges Unterfangen, zu dem die Stoiker sich ihr ganzes Leben lang erziehen mussten. Eine häufige Aussage lautete: »Es ist besser, ein unzufriedener Mensch zu sein, als ein zufriedenes Schwein, besser ein unzufriedener Sokrates, als ein zufriedener Narr.«[25] Das ist zwar richtig, doch noch besser ist es, ein zufriedener (zumindest im Hinblick auf den Konsum) Sokrates zu sein. Sokrates sagte selbst: »So wären ja die Steine und die Toten [die keine Bedürfnisse und Begehren haben] am glücklichsten.«[26] Platon schreibt den Begierden und Bedürfnissen des menschlichen Leibes letztlich keine positiven Werte zu, da sie trügerisch sind (das habe ich ja schon im ersten Teil gezeigt).

Dieser Auffassung nach ist der wahrhaft »reich«, der nichts mehr (haben) will, während ein Armer viele Bedürfnisse hat. Ein unzufriedener Millionär kann daher viel ärmer sein als jemand, der nur ein niedriges Einkommen hat.

Bibliografie

1 Vergleiche Lowry, Ancient and Medieval Economic Ideas, 15.
2 Genesis 3,17 - 19.
3 Genesis 2,15.
4 Irwin, The Matrix and Philosophy, 139.
5 Lowry, " Ancient and Medieval Economics", 14.
6 Genesis 3,6.
7 Genesis 3,6.
8 Davies, Europe: A History, 604.
9 Žižek, The Pervert's Guide To Cinema (Film)
10 Marshall, Handbuch der Volkswirtschaftslehre, 133.
11 Nelson, The New Holy Wars, 293.
12 Stigler, " Frank Hyneman Knight", 58. Siehe auch Nelson, Economics as Religion, 294f.
13 Malthus, Das Bevölkerungsgesetz, 67f.
14 Patikin, Essays on and in the Chicago Tradition, 34.
15 Žižek, Die Pest der Phantasmen, 72.

16 Kohelet 1,8.
17 Marshall, Handbuch der Volkswirtschaftslehre, 133.
18 Estes, Women Who Run With the Wolves, 492.
19 Rushdie, Wut, 51f.
20 Psalm 107, 17 - 18
21 Das Original stammt aus Pascaks Pensées, 70.
22 Knight, "Liberalism and Christianity", 71.
23 Siehe Simmel, Money in Modern Culture, 19f.
24 Wie Paul L.Wachtel schreibt, zitiert in Volf, "In the Cage of Vanities", 177.
25 Mill, Utilitarismus, 16.
26 Platon, Gorgias, 492e.

aus: Tomáš Sedláček: Die Ökonomie von Gut und Böse. Hanser, München 2012.

Zeitgenossen im Gespräch

DIE PIRATEN – FREIBEUTER DER DEMOKRATIE?

Sebastian Nerz im Gespräch mit Michael Kerbler

Meine Damen und Herren, ich möchte Sie ganz herzlich zu dieser Ausgabe von „Zeitgenossen im Gespräch" begrüßen. Es ist eigentlich schon eine Tradition bei der GLOBArt Academy. Ö1 und GLOBArt Academy veranstalten auch diesmal diese Reihe gemeinsam. Herzlich willkommen! Die Damen und Herren, die schon einmal oder mehrmals da sind, wissen: Die Reihe „Zeitgenossen im Gespräch" ist Persönlichkeiten gewidmet, die durch ihre Biographie, durch ihr Schaffen, durch ihre Tätigkeit, legitimiert sind, zu gesellschaftspolitischen Fragen sowie zu Fragen aus Kultur und Wirtschaft Stellung zu nehmen.
Sebastian Nerz, herzlich willkommen!

Dankeschön.

Sebastian Nerz ist heute Abend mein Gesprächspartner. Zu einem Zeitpunkt, zu dem der Massenwohlstand in Europa zu verdampfen beginnt, melden sich ATTAC, die Occupy-Bewegung, aber auch sogenannte „Wutbürger" zu Wort – auch einzelne Wutbürger, die dann eine Partei gründen – wie Frank Stronach hierzulande – und in der jüngeren Vergangenheit auch eine Partei, die sich „die Piraten" nennt. In den ersten Monaten ihrer Existenz ist dieser Partei – zumindest in Deutschland – etwas gelungen, was niemand für möglich hielt: aus einer Gruppe von Computerfreaks eine 13 % Partei zu machen, die die etablierten Parteien das Fürchten lehrt – und wohl auch die eigenen Mitglieder, denn die Partei ist in einem ständigen Wandel begriffen. Zu Jahresbeginn etwa hat der Altersdurchschnitt der „Piraten" noch 32 Jahre betragen, im Sommer lag der Altersdurchschnitt bei 40 Jahren, einfach deshalb, weil so viele Deutsche – Männer und Frauen – beigetreten sind, was die absurde Folge hatte, dass die jüngeren Mitglieder heute in der Partei als Veteranen gelten.

Doch wofür stehen die „Piraten" eigentlich, warum und wodurch schafften sie es, Hoffnungen zu wecken, Zuspruch und Sympathie zu ernten? Ein Mann, noch keine 30 Jahre alt, gibt Antwort: „Tirsales", so heißt sein Pseudonym im Internet, kämpfte in einem mittelalterlichen Fantasy-Rollenspiel gegen die Völker der Tulamiden und Novadi. Heute ist der Bioinformatiker stellvertretender Bundesvorsitzender bei den deutschen „Piraten": Sebastian Nerz. „Klar zum Ändern!", so lautet die Piraten-Parole. Aber wie ändern, mit welchem Ziel, auf Basis welcher Überzeugungen und Werte? Diese Fragen und mehr wollen wir in der nächsten Stunde erörtern. Noch einmal: Herzlich willkommen, Sebastian Nerz!

Danke!

Vor einem Jahr, Herr Nerz, sind die Piraten mit 8,9 % in Berlin erstmals in ein Landesparlament eingezogen. Sie waren Protestpartei für die Politverdrossenen, Lobbypartei für die Generation Internet, die Mitmachpartei für die Basisdemokraten und die Antipartei für die Systemkritiker. Sie waren sozusagen Projektionsfläche für Wunschvorstellungen. Ein Jahr nach dem Berliner Erfolg und ein Jahr vor der nächsten Bundestagswahl liegen die Umfragewerte nur mehr so um die 6 %, im Frühjahr waren es noch 12. Ist die Euphorie der Wählerinnen und Wähler verflogen? Ist schon Schluss mit lustig und sind es die Mühen der Ebene, die sie nicht mehr so attraktiv machen?

Es ist eine Mischung aus ganz vielen unterschiedlichen Dingen. Einmal hatten wir nach der Berlinwahl einen – ich mag das Wort eigentlich nicht, aber es war ein „Hype" um die Piratenpartei. Man ist an den Piraten nicht mehr vorbeigekommen. Es gab keine politische Sendung, die sich nicht mit uns beschäftigt hatte, keine Talkshow, keine Zeitung. Man konnte eigentlich nicht anders als immer die Frage gestellt zu bekommen: „Was halten die Piraten von diesem Thema, was halten Sie von jenem Thema? Was können andere Parteien von den Piraten lernen?" Das hat uns natürlich auch sehr viel Zustrom gebracht, sehr viel Zuspruch bei der Bevölkerung. Man hatte den Eindruck, da kann sich tatsächlich etwas verändern, da ist etwas in Gang, das wir ja seit 30 Jahren nicht mehr gesehen haben: das Aufkommen einer neuen Partei, die vielleicht auch neue Themen setzen könnte. Gleichzeitig gab es nichts, wie wir angegriffen werden konnten. Wir hatten noch keine Fehler gemacht. Wir waren nirgends an der Regierung, wir hatten noch keine lange Zeit im Parlament, an der man uns hätte messen können. Das ist natürlich eine sehr angenehme Position für eine Partei. Darum sind die Umfragewerte wenig überraschend sehr, sehr stark gestiegen, bis auf 13 Prozent, das war, glaube ich, die höchste Umfrage. Es war aber auch klar, dass das nicht anhalten kann. Das war nie eine Umfrage, die sich bei Wahlen hätte durchsetzen können. Wir haben das bei Landtagswahlen gesehen, da lagen wir dann wieder bei 8 %.

Sie sind mittlerweile in vier Landtagen.

Genau – was ich persönlich für ein sehr gutes Ergebnis halte, weil wir in jedem der vier Landtage in Berlin tatsächlich über die 5 % Hürde gekommen sind, was direkt nach Berlin auch noch niemand für möglich gehalten hätte. Aber dass wir danach wieder Prozente in den Umfragen verlieren, das war klar. Jetzt 6 %, bei der letzten Bundestagswahl hatten wir 2 %. Das ist ein für mich immer noch atemberaubender Anstieg.

Aber das heißt doch, Herr Nerz, dass es – wie man in Ostösterreich sagt – keine „g'mahte Wies'n“ mehr ist, also kein einfacher Durchmarsch, es keine wirkliche Sicherheit gibt, dass sie die Hürde auch überspringen, in den Deutschen Bundestag zu kommen.

Die Sicherheit gibt es nicht. Die Sicherheit möchte ich aber auch nicht. Ich möchte, dass wir weiterarbeiten.

Sie vielleicht. Aber die anderen Piraten?

Na gut, ich kandidiere für den Bundestag, ich möchte auch reinkommen. Ich möchte nicht, dass wir uns darauf ausruhen können. Ich möchte nicht sagen können „Wir sind sicher im Bundestag, wir müssen nicht mehr arbeiten.“ Wir müssen uns weiterentwickeln. Wir waren tatsächlich für viele eine Projektionsfläche und es wurden Erwartungen an uns gestellt, die wir nicht hätten erfüllen können. Es sind Bürger an uns herangetreten und haben gesagt: „Ihr seid die Partei, die die Demokratie neu erfindet. In vier Jahren wird die Politik ganz anders aussehen.“ Das ist eine Erwartung, die kann man nicht erfüllen. Die kann man nur enttäuschen. Aber dann muss man in der Zeit bis zur Bundestagswahl erarbeiten, wie wir vielleicht weniger Erwartungen, weniger Prozent holen, aber die Erwartungen dann auch tatsächlich realistisch erfüllen können. Das müssen wir zum Teil noch leisten.

Es gab ja durchaus auch Sympathie für Äußerungen von Politikern aus der Piratenpartei, wenn sie im Gespräch aus der Presse oder auch mit Leuten am Marktplatz auf eine Frage geantwortet haben: „Da habe ich keine Ahnung. Weiß ich nicht.“ Die Vertreter der sogenannten Altparteien hätten sofort Protest und Kritik geerntet. Jetzt sind sie schon ein Stückchen zu lang im Geschäft. Ich meine damit, dass es ganz dringende Fragen in Deutschland für die Bundestagswahl geben wird. Da ist die Pensionsfrage, da ist die Eurokrise, das Rentensystem, die Armut, die Umverteilung, etc. Wie weit ist man hier mit der Formulierung der Zielsetzungen, der Programmatik, auch auf solche Fragen schlüssige Antworten zu geben?

Ich finde es in der Politik interessant, dass einerseits jede Partei weiß, dass sie nicht alle Themen politisch durchsetzen können wird. Hier gibt es immer auch ein Stückweit einen Kompromiss und jede Partei weiß, sie hat Kernthemen, die sie wirklich durchsetzen möchte, und weitere Themen, in denen ich zwar Antworten anbiete, aber ich weiß genau, ich werde diese Themen nicht durchsetzen können. Die Grünen werden beispielsweise ihre umweltpolitischen Forderungen eher durchsetzen als ihre wirtschaftspolitischen, genau wie die Piraten Fragen zur Steuerpolitik hintanstellen werden im Vergleich zu innenpolitischen Forderungen. Nichtsdestotrotz ist es Tradition geworden, dass jede Partei alle Fragen beantworten muss. Ich halte das für ein ganz interessantes Spiel, das sich da ergeben hat.

Also Sie würden sich lieber beschränken.

Ich finde es ehrlicher zu sagen: Das sind unsere Kernthemen, die wir wirklich umsetzen wollen. In den anderen Bereichen möchten wir in eine bestimmte Richtung. Also wir sagen, was wir bereit sind mitzutragen, in welcher Richtung könnten wir uns vielleicht vorstellen Kompromisse mitzutragen, aber nicht detaillierte Antworten vorgaukeln, die wir später nicht umsetzen können. Also wohin möchten wir zum Beispiel in der Wirtschaftspolitik? Wohin möchten wir mit Europa? Was könnten wir uns als Lösung für die Rentenproblematik vorstellen? Würden wir beispielsweise eine Erhöhung des Rentenalters mittragen? Solche grundsätzlichen Fragen müssen wir beantworten, aber Detailkonzepte ausarbeiten und diese tatsächlich als Antworten vorschlagen sollten wir meiner Meinung nach nur dann, wenn wir sie auch wirklich umsetzen wollen. Dann müssen wir auch sagen, welche anderen Themen wir vielleicht dafür aufgeben würden.

Die Grünen sind eine Umweltpartei und als solche gegründet worden, die SPD, die älteste Arbeiterpartei Europas, ist eine Arbeiterpartei – zumindest in ihrer Gründungsphase gewesen. Die Piratenpartei – ich tu mir leicht, das aus der Distanz zu sagen – erweckt bei mir die Anmutung, da sind Systemadministratoren am Werk, die versuchen, technisch-organisatorische Lösungen zu bringen. Aber wo stehen die „Piraten"? Wo würden Sie sich im politischen System einnorden?

Die klassische Antwort darauf wäre jetzt, dass die Piratenpartei eine sozialliberale Grundrechtspartei ist, das heißt eine Partei, die aus einer liberalen Grundhaltung heraus versucht, die Freiheit des Einzelnen zu maximieren – nicht im Sinne einer ungezügelten Individualität, die sich gegen die Gesellschaft richtet, sondern Freiheit in Verantwortung für die Gesellschaft, weil wir wissen, dass wir als Menschen nicht ohne die Gesellschaft existieren können. Die klassische Einordnung in ein Links-Rechts-Spektrum ist eine Tradition, die sinnlos geworden ist. Die wenigsten Parteien sagen von sich selbst „Wir sind rechts.", denn „rechts" ist irgendwo ein bisschen verrufen, also ist man entweder in der Mitte oder man ist links, definiert damit aber eher Feindbilder als dass man eine tatsächliche inhaltliche Aussage setzen würde. Die SPD sagt ganz natürlich von sich selbst, sie sei eine linke Partei. Schaut man sich in Deutschland die Agenda 22 an, die ALG2-Gesetze, die Hartz4-Gesetze, dann würden die meisten anderen linken Parteien sagen: „Das ist keine linke Politik, das ist klassisch bürgerlich-konservative rechte Politik. Also daher finde ich diese Einordnung in links-rechts sinnlos. Ich würde sagen, wir sind liberal.

Wirtschaftsliberal?

Nein, auch nicht wirtschaftsliberal.

Versuchen wir es auf die österreichische Methode: Mit wem können Sie sich denn eine Koalition vorstellen?

Das ist die zweite Standardfrage, die immer kommt.

Dann revidiere ich meine Frage. Mit wem können Sie sich keine Koalition vorstellen?

Das ist im Endeffekt die gleiche Frage. Ich kann mir im Endeffekt keine Koalition mit extremistischen Parteien, mit rechtsextremen Parteien vorstellen, weil da die Begriffe von Freiheit, von Leben, was Menschsein ausmacht, einfach überhaupt nicht übereinander passen. Das Konzept von Koalitionen, das vorgelebt wird, ist: Man hat ein sehr enges Kordon, man hat zwei oder drei Parteien, die zusammenarbeiten und alles zusammen abstimmen, die Opposition stimmt immer gegen den Regierungsvorschlag, die Regierung stimmt gegen den Oppositionsvorschlag. Das funktioniert nicht. Das wird auch in Deutschland nicht mehr lange funktionieren, wir sehen das schon in Länderparlamenten, dass wir teilweise wechselnde Koalitionen oder keine stabilen Mehrheiten mehr haben, und ich würde es bevorzugen, wenn wir da auf inhaltliche Koalitionen kämen. Also tatsächlich nicht so sehr zu sagen: Ich arbeite mit der SPD zusammen oder mit den Grünen und die CDU sind der Feind, sondern dass ich versuche, inhaltlich keine Koalition, aber eine Mehrheit zu finden.

Da passt jetzt etwas dazu, was ich Sie eigentlich zu einem späteren Zeitpunkt fragen wollte: Das stammt aus Ihrem Parteiprogramm – es gibt nämlich eines, auch wenn das manche nicht glauben. Die Piraten haben ein Parteiprogramm. Hier steht auf Seite acht: „Mehr Demokratie beim Wählen". Ein interessanter Satz, über den ich gern mit Ihnen sprechen möchte. Es geht darum, Fraktionsdisziplin und Parteiendruck zu verringern. Da muss nach Meinung der Piraten der Einfluss der Wähler auf die personale Zusammensetzung der Parlamente gestärkt werden. Und jetzt zitiere ich: „... zu diesem Zweck ist auch für die Wahlen auf Bundes-und Landesebene die Möglichkeit zu schaffen, Kandidaten verschiedener Parteien zu wählen und auch gezielt einzelne Kandidaten durch Kumulieren zu stärken." Das heißt, mit diesem Vorschlag wird – korrigieren Sie mich, wenn ich das falsch interpretiere – auch der Klubzwang ausgehebelt, dass, wenn man zum Beispiel die SPD wählt, man nur mehr Abgeordnete der SPD wählen kann, sondern ich könnte genauso der SPD mit einem Kandidaten meine Stimme geben und mit meiner Zweitstimme, die es in Deutschland ja gibt, eine zweite Partei oder eine(n) andere(n) KandidatIn wählen. Mit welcher Zielsetzung?

Nochmal: Es wäre noch weitergehend. Die Möglichkeit, die Erst- und die Zweitstimme getrennt zu vergeben, hat man ja bereits. Es gibt aber auf kommunaler Ebene eine weitere Möglichkeit: In Tübingen beispielsweise hat der Gemeinderat 40 Sitze (glaube ich), da kann ich 40 Stimmen vergeben. Da kann ich 40 einzelnen Kandidaten jeweils eine Stimme geben, egal, für welche Partei sie sind, und damit meinen Wunschgemeinderat zusammenstellen. Das hat den großen Vorteil, dass die Entscheidung der Parteien weniger wichtig wird. Bisher ist das wichtigste Kriterium für den Einzug in den Bundestag auf welchem Listenplatz ich bin. Ich bin jetzt in Baden-Württemberg auf Listenplatz eins. Das heißt ich weiß, wenn wir die 5 % Hürde schaffen, bin ich im Bundestag, ganz egal was ich mache. Das bedeutet aber auch, dass für die Zukunft als Abgeordneter das Standing in der eigenen Partei unglaublich wichtig ist. Wäre ich jetzt auf Listenplatz fünf, hätte ich einen unsicheren Platz. Wenn ich Wählern die Möglichkeit gebe, diese Liste zu beeinflussen, also zu sagen: Die ersten vier auf dieser Liste findet die Partei toll, aber ich nicht, dann wähle ich Listenplatz fünf. Dann kommt der vielleicht auch rein, weil er bei den Bürgern gut ankommt, ein gutes Standing hat, obwohl seine eigene Partei ihn nicht mag. Das würde den Druck auf die Abgeordneten, der sich dann in der Fraktionsdisziplin, dem Fraktionszwang, äußert, massiv reduzieren und es würde den Bürgern sehr viel mehr Wahlmöglichkeiten geben.

Ein ähnliches Instrument gibt es in Österreich mit dem Vorzugsstimmenwahlkampf. Da kann man mit vielen Stimmen quasi auch alle überholen, die auf der von der Partei gesetzten Liste in der Reihenfolge vor einem sind. Josef Cap war ein berühmtes Beispiel dafür in der SPÖ hierzulande. Er ist in einem Vorzugsstimmenwahlkampf vorgereiht worden, was damals wirklich nicht viel Freude in der Partei ausgelöst hat. Sie haben gesagt Sie sind Spitzenkandidat in Baden-Württemberg. Als Sie zum Spitzenkandidaten gewählt worden sind, haben Sie in einem Interview, das mir in Erinnerung ist, auf die Frage zu verschiedenen Themen und wie denn das als Spitzenkandidat sei, auch körpersprachlich sofort merklich reagiert mit: „Ja, ich bin der Spitzenkandidat, aber wir müssen als Team antreten." Jetzt zitiere ich ein Mitglied Ihrer Partei aus der Parteispitze: „Unsere Mitglieder verhalten sich so als seien die Vorstände von einer fremden Macht geschickt und nicht von ihnen selbst gewählt worden." Welches Problem haben die Piratenmitglieder mit Leadership, mit einzelnen Personen, die die Partei nach außen vertreten? Warum gibt es Shitstorm im Web, wenn ein Kollege aus Berlin zum Beispiel Vorschläge macht, die für einen Außenstehenden durchaus vernünftig klingen, weil er sie als Spitzenkandidat gemacht hat? Möglichst flache Hierarchien? Alle sind gleich?

Ja genau. Wir haben als Partei das Ideal, möglichst basisdemokratisch zu arbeiten. In der programmatischen Meinungsfindung der Partei zählt meine Stimme genau so viel wie die von jedem anderen. Im Gegenteil, es wird sogar von den Vorständen versucht, dass sie sich aus der programmatischen Arbeit ein Stückweit herauszuziehen, um eben diesen basisdemokratischen Anspruch nicht zu gefährden. Und gleichzeitig hat sich die Piratenpartei auch ein bisschen mit dem Ziel gegründet, Politik zu verändern, eben nicht mehr nur auf einzelne Personen zu setzen, diesen Köpfewahlkampf zu führen, sondern sie auf eine sachliche Ebene runterzuziehen. Wenn wir jetzt einzelne starke Personen zulassen, die die Partei nach außen repräsentieren, die ihre eigenen Ideen, ihre eigenen Vorstellungen zu stark nach vorne bringen, zu stark als Parteimeinung nach außen vertreten, dann wird dieser basisdemokratische Ansatz irgendwo konterkariert. Das hat eine gewisse Eigendynamik bekommen. Das ist meiner Ansicht nach zu stark geworden, sodass einerseits die Ablehnung auch von Agenda-Setting und Ähnlichem zu stark geworden ist, andererseits bei vielen Vorständen diese ja, fast Angst davor, sich selbst zu äußern, sich auch als Person zu äußern, zu groß geworden ist. Das ist ein bisschen dabei, sich wieder zu normalisieren, aber das ist ein nicht ganz einfach in den Griff zu kriegender Gegensatz zwischen der medialen Realität, dir nur eine oder zwei Personen wahrnimmt, und dem Ideal der Basisdemokratie.

Ich sage jetzt als Journalist, der oft und oft auch in Deutschland, über Wahlkämpfe berichtet hat: Da wünsche ich Ihnen viel Vergnügen für Ihren Bundestagswahlkampf, denn wenn hier immer acht Leute antreten, die ein Interview geben, dann werden Sie es in der Vermittlung der Inhalte schwer haben. Aber das sehen Sie ja selber so.

Ja, wir brauchen so wie die Medien funktionieren, als auch wie es organisatorisch möglich ist, einzelne Personen, die als Repräsentanten dastehen, die die Inhalte nach außen vertreten. Ich glaube auch nicht, dass wir das aufgeben sollten, aber wir müssen dann wieder versuchen, Mechanismen zu finden, mit denen diese Personen sich dann mit der Partei rückkoppeln können, damit sie dann eben nicht abheben und sagen: „Weil ich hier vorne sitze und ein Interview gebe, kann ich bestimmen, was die Piratenpartei glaubt.", sondern ich muss mich immer wieder mit meiner Partei rückkoppeln, muss neues Feedback einholen.

Vertrauen Ihnen die Leute nicht?

Ich glaube doch.

Sie haben das Parteiprogramm mitformuliert, Sie sind zum Spitzenkandidaten gewählt worden, Sie stehen seit 2009 in vorderster Linie der Partei. Warum braucht es dauernd diese Rückversicherung in der Partei? Sie können ja auch wieder abgewählt werden.

Ich kann jederzeit abgewählt werden. Ich glaube auch, dass ich in der Partei Vertrauen habe. Stellvertretender Bundesvorsitzender wurde ich mit 78 Prozent, das ist eines der besten Ergebnisse in der Piratenpartei überhaupt gewesen. Das Vertrauen ist durchaus da, aber ich möchte dieses Feedback auch. Ich möchte nicht abheben, und das ist ein Risiko, das man in der Politik hat. Man bewegt sich in seiner eigenen kleinen Filterbubble, in einer kleinen Blase, von der man weitgehend auch positives Feedback bekommt, aber eine tatsächliche neutrale Kritik kriegt man kaum. Ich glaube, dass die Erdung, die man dadurch erhält, dass man sich immer wieder rückkoppelt, sowohl mit der eigenen Partei als auch mit Leuten außerhalb der Partei, dass das unglaublich wertvoll ist, dass man einfach auch neue Denkmuster mit einbeziehen muss.

Sie waren Mitglied der CDU und sind aus der CDU wieder ausgetreten. Ich möchte jetzt einmal fragen: Haben Sie jemals das Parteiprogramm der CDU gelesen?

Ja. Ich habe die Parteiprogramme aller großen Parteien in Deutschland gelesen.

Ok. Paragraph 1 des CDU-Parteiprogramms: „Wir Christliche Demokraten, Wer wir sind – Menschenbild und Grundwerte der CDU. Die Christlich Demokratische Union ist die Volkspartei der Mitte: Sie wendet sich an Menschen in allen Schichten und Gruppen unseres Landes. Unsere Politik beruht auf dem christlichen Verständnis vom Menschen und seiner Verantwortung vor Gott." Wie würden Sie denn das für die Piraten formulieren? Die Politik der Piraten beruht auf welchem Verständnis vom Menschen und seiner Verantwortung vor wem?

Ich würde sagen auf einer Verantwortung der Menschen vor sich selbst. Es ist eigentlich ein sehr humanistisches Bild. Die Piratenpartei ist eine laizistische Partei, wir wollen die Trennung von Staat und Religion, von Religion und Politik insbesondere. Ich glaube wir haben auch den höchsten Anteil von Atheisten, wobei wir das nur aus Umfragen sagen können, wir erheben das nicht selbst. Ich bin auch selbst Atheist, aber ich glaube, es ist ein humanistisches Weltbild, aus dem sich das heraus ergibt. Ich hatte aber auch die Präambel der CDU damals nicht als ein religiös geprägtes Bild verstanden sondern als tatsächlich aus den Werten heraus gehend. Wie man immer sagt, das christlich-abendländische Menschenbild, das dann die Werte wie die Traditionen prägt. Das würde ich mittlerweile auch ein bisschen anders sehen.

Dann bleiben wir gleich dabei: Die CDU nennt Freiheit, Solidarität und Gerechtigkeit als die drei Grundwerte. Was sind denn die drei Grundwerte der Piraten?

Ich glaube, dass man es tatsächlich auf den Begriff „Freiheit" reduzieren könnte, wenn man Freiheit sehr umfassend definiert. Freiheit setzt voraus, dass ich die Gesellschaft, die mich umgibt, mit beeinflussen kann, dass ich mit darüber bestimmen kann, also auch im politischen Sinne Mitbestimmung habe. Freiheit setzt aber auch voraus, dass ich eine körperliche Sicherheit habe, aber auch eine Sicherheit für meine Ernährung, für meine Gesundheit, für ein funktionierendes Sozialsystem, von dem ich weiß, dass es mich trägt, dass es mich auffängt, auch ohne mich zu entwürdigen. Ich glaube diese drei Grundwerte könnten alle Parteien unterschreiben, es hängt aber davon ab, wie man sie tatsächlich definiert.

Beim Durchlesen Ihres Parteiprogramms bin ich auf einen Satz gestoßen, wo ich sofort gedacht habe: Da hat jemand Willi Brandt im Ohr, weil bei einem der Einleitungskapitel der berühmte Satz von Willi Brandt steht: „Wir wollen mehr Demokratie wagen." Es steht, um präzise zu sein „mehr Demokratie wagen" als Überschrift. Ich habe mir das Protokoll oder Manuskript von Willi Brandt in Kopie besorgt, das er damals als Antrittsrede 1969 im Deutschen Bundestag gehalten hat – nämlich auch weil es interessant war, was er unterstrichen hat. Interessant war für mich die Passage, die vor dem Satz „Wir wollen mehr Demokratie wagen." steht. Aber bevor ich dazu komme: Müsste es heute nicht richtigerweise für Deutschland und für Europa, auch für Österreich, heißen: „Wir müssen mehr Demokratie wagen!"?

Ja, eigentlich müsste es das! Wir stellen fest, dass die aktuelle Entwicklung leider ins Gegenteil läuft. Wir haben eine immer stärkere Konzentration auf Kommissionen, auf eine Verwaltung, zum Teil noch präsidiale Strukturen wie Gipfeltreffen in Europa beispielsweise, die alle Grundsätze festlegen, anstelle der parlamentarischen Demokratie. Wir haben also immer mehr Indirektionsstufen, die eingeführt werden, was zu einer Entkopplung vom Bürger führt – und damit tatsächlich zu weniger Demokratie. Das wird zum Problem, das führt zu einer Nichtakzeptanz der Ergebnisse, zu wachsender Euroskepsis zum Beispiel. Ja, eigentlich müsste es das heißen.

Die Passage heißt: „Unser Volk braucht, wie jedes andere, seine innere Ordnung. In den 70er-Jahren werden wir aber in diesem Lande nur so viel Ordnung haben, wie wir an Mitverantwortung ermutigen. Solche demokratische Ordnung braucht außerordentliche Geduld im Zuhören und außerordentliche Anstrengung, sich gegenseitig zu verstehen." Ist das ein Satz, den Sie so auch heute noch unterschreiben würden?

Ja.

Wie viel Ordnung, Herr Nerz, vertragen die „Piraten"? Staatliche Ordnung zum Beispiel? Ordnung durch den Rechtsstaat? Wo würden Sie eine Grenze ziehen?

Relativ viel. Da höre ich mich jetzt an wie ein Innenpolitiker der CDU: Man kann nicht in Freiheit leben, wenn man Angst um sein eigenes Leben haben muss. Ich brauche ein gewisses Maß an Sicherheit, an Verlässlichkeit, um tatsächlich frei zu sein. Wenn man sich nicht mehr auf die Straße traut, weil man draußen überfallen werden könnte, ist man nicht frei, völlig egal, wie wenig einschränkend die staatlichen Maßnahmen sind. Aber gleichzeitig bin ich auch nicht frei, wenn ich in jedem Schritt überwacht werde, wenn ich die ganze Zeit das Gefühl habe, irgendjemand speichert und erfasst, was ich mache. Es gibt sehr interessante Untersuchungen, dass Menschen sich völlig anders verhalten, auf Marktplätzen beispielsweise, wenn sie wissen, dass es Überwachungskameras gibt. Werden sie angesprochen und nach dem Weg gefragt, helfen die meisten Menschen sehr freigebig einem Menschen, der so ähnlich aussieht wie sie. Wenn aber ein fremdländisch aussehender Mensch, entweder ein Mensch mit dunkler Hautfarbe oder eine Frau mit Kopftuch oder jemand, der betrunken wirkt, sie anspricht und nach dem Weg fragt, reagieren die meisten Menschen ablehnend, sobald sie wissen, dass eine Kamera da ist. Man möchte dann damit nicht in Verbindung gebracht werden, man verhält sich unauffällig, läuft ein bisschen geduckter, gehuschter, die Gespräche sind andere. Wenn ich überwacht werde, weil ich die ganze Zeit überwacht werde, dann kann ich nicht frei sein. Ich glaube, das ist ein Grundsatz, den man eigentlich im staatlichen Handeln anlegen sollte, dass ich so wenig mache wie ich unbedingt muss, aber nicht mehr. Also nicht alles machen, was ich kann. Nur weil der Staat Dinge erfassen kann, hat er noch lange nicht das Recht dazu. Das gilt auch für Unternehmen, aber für den Staat noch mehr, denn dem Staat kann ich mich nicht entziehen.

Diese Debatte um den gläsernen Bürger – wenn Sie die Möglichkeit hätten, etwas zu entscheiden, weil es Ihnen vernünftig erscheint, auch wenn es nicht durch eine Mehrheit gedeckt ist, was würden Sie anschaffen/durchsetzen/verwirklichen?

Das ist ganz schwer zu sagen, weil es davon abhängt, wie viel man tatsächlich umsetzen könnte. Wenn es um ein einzelnes Gesetz ginge, würde ich zum Beispiel die Vorratsdatenspeicherung auf europäischer Ebene gerne wieder abschaffen. Ich würde aber auch gerne in Deutschland verändern, wie die Geheimdienste überwacht werden. Wie wir im Zuge der Debatte um den nationalsozialistischen Untergrund festgestellt haben, durch die Fehler, die der Verfassungsschutz bei der Aufklärung einer rechtsextremen Terrorserie gemacht hat, funktioniert die parlamentarische Kontrolle der Geheimdienste in Deutschland absolut nicht. Also nicht, dass sie ihre Schwächen hat. Sie funktioniert einfach absolut nicht. Das müsste man ändern. Ich würde aber auch gerne Volksabstimmungen auf Bundesebene einführen. Oder die Art und Weise, wie Politik funktioniert, das Selbstverständnis der Politik, ändern, das lässt sich nicht durch ein Gesetz fassen. Aber es gibt viel, was ich gerne anfassen würde.

Warum Volksabstimmungen auf Bundesebene? Die Profis sitzen ja – auch die Piraten im nächsten Jahr – vielleicht im Parlament. Die sollten ja eigentlich den Überblick haben. Wir haben im Vorgespräch gesagt: ökonomische Fragen beispielsweise per Volksabstimmung klären. Wenn man auf die Straße hinausgeht und nur die Frage stellt: „Was steht in einer Bilanz in der Rubrik Soll und in der Rubrik Haben?“, wird man wahrscheinlich überrascht sein, welche Antworten man bekommt, weil es einfach nicht zum Allgemeinwissen gehört. Aber dann eine Volksabstimmung über Rettungsschirme und dergleichen zu machen, wo dann der Bürger vielleicht wirklich überfordert ist, wo eigentlich die Profis die Verpflichtung hätten, die Entscheidung zu treffen, sich sachkundig zu machen.

Die Frage ist: Haben die Abgeordneten die Aufgabe, die Entscheidung zu treffen oder haben sie die Aufgabe, die Entscheidung abzuwägen? Ich glaube, dass es Themen gibt, die so wichtig sind oder so umstritten sind, dass ich dafür niemals Rückhalt gewinnen werde, wenn ich es nicht in einer Volksabstimmung mache. Eine Volksabstimmung ist eigentlich ein Mittel des politischen Versagens. Eine Volksabstimmung wird immer dann erforderlich, wenn es entweder wichtig genug ist – dann ist es eine strukturelle Frage, oder wenn ich es in der Politik nicht schaffe, ein Thema tatsächlich zu vermitteln. Wenn ich es nicht schaffe, im Vorfeld zu klären, welche Möglichkeiten es gibt. Wenn also die Fronten zwischen den Befürwortern und den Gegnern eines Gesetzes oder eines Bauvorhabens, das wäre ein klassisches Beispiel, so verfahren sind, dass eine echte Diskussion nicht mehr möglich ist und ich eine Entscheidung brauche, die dann auch von allen Seiten mitgetragen werden muss, dann brauche ich eine Volksabstimmung. Dann kann das parlamentarische Wesen, das wir haben, diese Meinung niemals abbilden, weil eine Wahlentscheidung zum Beispiel im Bundestag sich nicht nur auf ein Thema erstreckt. Es kann sein, dass die CDU die Mehrheit hat, die dann zum Beispiel für ein Bauprojekt ist, obwohl die Mehrheit der Bevölkerung eigentlich dagegen ist. Dann würde dieses Bauvorhaben im Parlament umgesetzt, aber niemals Akzeptanz haben. Dann sehen wir zehn oder 15 Jahre später, dass dieses Projekt noch immer nicht umgesetzt werden kann, weil es ein Gerichtsverfahren, Streitigkeiten, Demonstrationen gibt, weil die Wasserwerfer auffahren. Das führt nur zu Konflikten. Also irgendwann kann eine Situation so verfahren sein, dass Sie sie nur noch durch eine Volksabstimmung tatsächlich mit einer gewissen Legitimität lösen können. Oder es ist so wichtig, dass ich als ein Parlament eigentlich sagen muss, das geht über meine Legitimation hinaus. Ich lege jetzt den Haushalt für die nächsten 30 Jahre fest. Das ist etwas, das darf ich als Parlament eigentlich nicht. Ich darf nur für vier Jahre bestimmen. Wenn ich darüber hinausgehe, dann brauche ich mehr Legitimation dafür – da gibt es dann die Volksabstimmung.

Es gibt aber auch die Möglichkeit, dass man als Wähler das Gefühl bekommen kann, dass eine Partei die Flucht in die Volksabstimmung antritt, weil sie selber diese unangenehme Entscheidung nicht treffen möchte.

Das kann es durchaus geben. Und es kann auch Fälle geben, in denen Parteien das dann machen würden. Aber ich halte es für ehrlicher als Abgeordneter zu sagen: „Ich persönlich wäre zum Beispiel für den ESM, für den Rettungsschirm, aber ich finde die Entscheidung zu wichtig, um sie selbst zu treffen. Ich möchte diese Entscheidung nicht für 80 Millionen Menschen treffen. Das finde ich auch ehrlicher als zu sagen: „Ich stimme dafür, aber eigentlich … ja hm."

An dieser Stelle: Vertritt oder befürwortet der Listenplatzerste in Baden-Württemberg Sebastian Nerz die repräsentative Demokratie?

Ja, weil ich glaube, dass eine echte Basisdemokratie für eine ganze Nation nicht mehr funktioniert. Das ist zu viel zu entscheiden. Zu viele Einzelentscheidungen als dass man jede einzelne davon in einer Volksbefragung oder in einer Volksabstimmung lösen könnte. Selbst ein Politiker kann nicht mehr alle Themen abdecken, sondern muss sich spezialisieren. Für den Bürger, der ja nur einen Teil seiner Zeit für die Politik aufwenden könnte, geht das umso weiter. Aber eine repräsentative Demokratie ist auch nicht absolut. Ich gebe als Bürger nicht alle Rechte an einen Abgeordneten, nur weil ich alle vier oder fünf Jahre meine Stimme abgebe. Und ich möchte mich zwischendurch auch mit einmischen können. Ich brauche als Abgeordneter auch dieses Feedback.

Die Piraten haben deshalb so viel an Sympathie geerntet, weil sie eben gerade in der Frage der Mitsprache offensichtlich einen wunden Punkt beim Wahlvolk getroffen haben. Wie gerecht ist eigentlich noch die Demokratie, die wir haben? Denn viele Leute fühlen sich ja nicht repräsentiert, haben auch das Gefühl, dass das Parlament entmachtet ist, dass irgendjemand weit weg die Entscheidungen trifft. Haben wir noch eine gerechte Demokratie?

Das ist eine Frage, die ganz schwer zu beantworten ist. Wir haben einerseits das Problem, dass dem Parlament eigentlich durch den Mangel an Vertrauen, durch die miese Wahlbeteiligung, durch die diversen Skandale, die es gab, ein Stück weit die Legitimation fehlt. Wir hatten Oberbürgermeisterwahlen und Gemeinderatswahlen mit einer Wahlbeteiligung von 20 %. Wir hatten Landtagswahlen mit einer Wahlbeteiligung von 50 %. Wir haben seit vielen Jahren keine einzige Regierung mehr, die tatsächlich von der Mehrheit der Wahlberechtigten gewählt wurde. Wenn ich bei einer Wahlbeteiligung von 60 % dann 50 % im Bundestag habe, wurde ich tatsächlich nur von einem Drittel der Bevölkerung gewählt – und das ist ein Legitimationsproblem. Das ist ein Problem, das die Politik auch aufgreifen muss. Da muss sie schauen, woran es liegt. Wie kann ich Vertrauen wieder herstellen, wie kann ich Menschen wieder zur Wahl bewegen, wieder dazu bewegen, sich einzumischen? Und dann stellt man sehr schnell fest, dass das in dem politischen System, das wir haben, das eine reine repräsentative Demokratie vorsieht, das nicht möglich ist, dass da zu viel Vertrauen zerstört wurde und dass da die Menschen die Möglichkeit wünschen, sich stärker einmischen zu können. Und dann muss ich die auch bieten.

Also überflüssig ist die Demokratie nicht?

Nein.

Aber sie soll eine „liquid democracy" werden, eine flüssige Demokratie.

Das wäre eine schwierige Frage.

Es heißt ja, wer die Produktionsmittel hat, wer den Internetzugang hat, hat dann die Möglichkeit, politische Prozesse zu befördern. Wie wollen Sie denn die Leute, die jetzt – Stichwort „Zuschauerdemokratie" – quasi auf den Rängen sitzen und vielleicht auch das politische Geschehen in einem Land, egal ob hier oder bei Ihnen zu Hause, kritisieren, – die, die keinen Internetanschluss, keinen Webanschluss, kein Handy mit „i" am Anfang haben, – in die partizipative Demokratie hineinbringen, damit dieses Manko „Legitimation" beseitigt wird?

Ich bin erst einmal kein Freund von Internetabstimmungen, absolut nicht. Das unterscheidet mich vielleicht ein Stück weit von der Mehrheit meiner Partei, weil ich glaube, dass das Relevante in einem demokratischen Prozess nicht allein die Abstimmung am Ende ist, sondern vor allem der Prozess, mit dem ich zur Abstimmung komme. Ich habe kein „Ja" und kein „Nein", ich habe ganz viele Graustufen und muss erst einmal abwägen, welche davon ich überhaupt zur Wahl stelle. Das ist das eigentlich entscheidende Kriterium. Entsprechend glaube ich auch nicht, dass wir mit einer liquid democracy, bei der jeder sich selbst entscheiden kann, ob er seine Stimme abgibt oder seine Entscheidung selbst trifft, tatsächlich viel gewinnen würden. Wir müssen die Möglichkeit geben, von den Menschen Feedback einzuholen. Wenn man auf der Straße Menschen anspricht und nach ihrer politischen Meinung fragt, reagieren sehr viele damit, dass sie Politik eigentlich überhaupt nicht interessiert. Wenn man länger mit ihnen redet, stellt man fest: Jeder Mensch hat irgendein Thema, das ihn interessiert, das ihn antreibt, über das er sich aufregt, bei dem er ganz viel Expertise gesammelt hat. Für manche ist es die Bildungspolitik, vielleicht weil die Kinder gerade in die Schule gehen oder weil das gerade ein interessantes Thema ist. Manche interessieren sich für Bauvorhaben, manche interessieren sich auch nur dafür, wie die Straße vor ihrem Haus aussieht. Aber jeder hat irgendwelche Themen in der Politik, in denen er oder sie Wissen oder Feedback einbringen könnte und in denen es für einen Abgeordneten sehr, sehr wertvoll wäre, mit den Menschen zu reden. Und diese Möglichkeiten müssen wir ihnen bieten. Ob das an einem Stammtisch ist – die Piratenpartei hat in Deutschland eigentlich überall Stammtische – oder ob das über Internetforen ist, das ist völlig zweitrangig. Aber wir müssen die Möglichkeit bieten, dieses Feedback einzusammeln und den Menschen auch zu sagen: „Wenn ihr Anliegen habt zur Verkehrspolitik, das ist euer Ansprechpartner. Wenn ihr Vorschläge zu diesem Projekt habt, da findet ihr die Informationen, da könnt ihr darüber diskutieren. Man kann offline Konferenzen und Sprechstunden anbieten, die dann ins Netz übertragen, im Netz weiterdiskutieren, das dann wieder zurück tragen auf Offlinegespräche. Das widerspricht sich überhaupt nicht, das ergänzt sich. Und dann kann man auch die 22 % der Bevölkerung mitnehmen, die keinen Internetzugang möchte. Die haben genauso das Recht, sich zu beteiligen wie jeder andere auch. Aber eben dann über andere Mittel.

Gibt es einen Konsens innerhalb der Piraten, die Tendenz zu bekämpfen, die in den verschiedensten Ländern spürbar ist: den Nationalismus, der wieder den Kopf hebt, das „Weg mit Brüssel!", das „Wieder zurück zur D-Mark!"? Ich verkürze jetzt: die Haltung „Raus aus dem Euro." Und dass das Projekt Europa gar zur Disposition gestellt wird. Ist Sebastian Nerz, sind die „Piraten", Europäer?

Ja. Die Piratenpartei wurde als internationale Bewegung gegründet. Die erste Piratenpartei war in Schweden, die zweite in Österreich, die dritte in Deutschland. Mittlerweile sind es über 50. Sie hat sich ja auch von Anfang an als eine internationale Bewegung verstanden. Ich glaube auch, dass Nationalismus etwas ist, das in einer tatsächlich globalisierten Gesellschaft, die wir haben – nicht nur Arbeit ist ja globalisiert, auch Information und Kommunikation ist globalisiert – nicht mehr funktioniert. Aber wir müssen dann supranationalen Organisationen auch wieder Legitimation geben. Wir müssen dann zum Beispiel Europa durchschaubar machen. Dann kann eben nicht mehr gelten: „Hast Du einen Opa, schick ihn nach Europa!", die ausrangierten Politiker schicken wir in die EU-Kommission, und wer als Ministerpräsident abgewählt wird, der wird jetzt Energiekommissar, sondern da muss man tatsächlich die Prozesse in Europa begreifbar machen, dann muss ich sie den Menschen vermitteln, dann muss ich Transparenz schaffen, da muss ich dann aber auch Mitbestimmungsmöglichkeiten schaffen. Wir haben leider ein Ping-Pong-Spiel gesehen, wenn eine Regierung ein Gesetz national nicht durchsetzen konnte, dann hat sie es in der EU durchgesetzt und dann national behauptet: „Ja, wir können ja nicht anders. Wir müssen es ja durchsetzen, auch wenn wir nicht wollen." Das hat die deutsche Bundesregierung zum Beispiel bei der Vorratsdatenspeicherung sehr geschickt gemacht, die sie ja in Deutschland nicht durchsetzen konnte – die wurde im Bundestag abgelehnt – dann ging sie nach Europa, hat sich dort stark gemacht dafür. Jetzt haben wir in der Kommission die Vorratsdatenspeicherung. Solange solche Spielchen gefahren werden, solange Europa so undemokratisch ist, wie es eben derzeit ist, solange werden wir nie Akzeptanz für Europa schaffen. Wir müssen ein demokratisches Europa schaffen, dann werden wir auch wieder mehr Akzeptanz schaffen. Aber davon unterscheiden müssen wir eine Regionalisierungsbewegung. Das hat mit Nationalismus nichts mehr zu tun, dass die Menschen sich an ihr Dorf oder auch an ihr Internetforum klammern und sich da wieder stärker einbringen, weil das eine Umgebung ist, die sie überblicken, die sie kennen, der sie vielleicht auch vertrauen, die sie direkt begreifen. Die globale Welt hingegen ist zu groß geworden. Das ist irgendwie etwas, wo man lebt, aber das sieht man nicht mehr auf einen Blick, da ist der Horizont zu weit geworden. Diese Regionalisierungsbewegung sehe ich völlig unkritisch. Die hat auch nichts mit Nationalismus zu tun. Also da müssen wir die Nationalisierungsbewegungen und die Regionalisierung, die ja der Globalisierung nicht widerspricht, wieder unterscheiden.

Diese Befürworter für „Raus aus Europa!" finden sich ja auch bei den Piraten in Deutschland. Darüber hinaus haben Sie ja auch da und dort das Problem, dass sich auch – jetzt sage ich einmal „Rechte" das Kostüm der Piraten anziehen, oder auch Pädophile.

Kam vor.

Ich kann mir schon vorstellen, dass es in einer Gründungsphase, einer explosiven Wachstumsphase einer Partei, schwierig ist, jedes Neumitglied zu checken. Aber ganz grundsätzlich: Was tun Sie denn, damit Ihnen nicht solche Mitglieder bescheren, dass andere wieder austreten, weil sie nicht Herr im eigenen Haus sind und nicht sehen, was da politisch läuft.

Ein Vorteil der Strukturen, die wir haben, ist, dass sie sehr offen sind. Beinahe alle Debatten, die innerhalb der Piratenpartei laufen, laufen öffentlich, können verfolgt werden, können von außen beobachtet werden. Dann fallen beispielsweise rechtsextreme Ressentiments oder Ausländerfeindlichkeit auf. Das wird aufgegriffen, weitergetragen, kritisiert. Es wird öffentlich, und damit beginnt einerseits ein sozialer Prozess, dass den Menschen klar gemacht wird: „Hör mal zu, Du machst hier einen Fehler, das, was Du gerade erzählst, ist Unfug." Manche sehen es auch ein und haben tatsächlich nur Unsinn geredet, weil sie nicht darüber nachgedacht haben, was sie eigentlich sagen. Oder man benutzt das Mittel eines Parteiausschlusses. Das gab es bei uns auch. Es ist die letzte Möglichkeit, die man als Partei hat, aber sie wird genutzt. Und was Pädophile angeht: Wo uns auffällt, dass jemand versucht, die Piratenpartei zu nutzen, um beispielsweise dokumentierten Kindesmissbrauch zu legalisieren, da verwehren wir uns sehr entschieden dagegen. Auch da gab es schon Ausschlussverfahren. Es war einer der wenigen Anträge, die ich in meiner Zeit als Verantwortlicher im Landesvorstand BaWü abgelehnt habe

– von einem Pädophilen. Also da versuchen wir unser Möglichstes, aber natürlich können wir nicht jedes einzelne Mitglied vorher googeln. Wir wollen auch nicht. Wir können nicht jeden überprüfen und einem Gesinnungscheck unterziehen, sondern wir müssen einfach schauen, wenn sie uns auffallen – wenn uns auffällt, dass jemand versucht, die Piratenpartei zu missbrauchen, dass wir dann reagieren.

Wagen wir eine Projektion. Wie sehen Sie denn die Piraten 2020 in Deutschland aufgestellt? In allen Landesparlamenten, im Bundestag, in welcher Größenordnung? Und vor allem – ich komme noch einmal darauf zu sprechen – mit welchen Schwerpunktthemen? Die Grünen waren wie gesagt Umweltpartei, die SPD Arbeiterpartei. Als welche Partei begreifen sich denn die Piraten?

Für 2020 hätte ich zwei unterschiedliche Szenarien. Das eine ist, dass die Piratenpartei an dem Erfolg, den sie jetzt gerade hat, zerbricht, dass sie damit nicht zurechtkommt, dass wir es nicht schaffen, uns ein bisschen zu konsolidieren und dass sie wieder ein Stück weit in der Versenkung verschwindet. Dann war es ein Ausflug in die Politik, der sich meiner Meinung nach gelohnt hat, weil wir jetzt schon einiges bewegt haben, weil wir viele Menschen zum Nachdenken gebracht haben.

Entschuldigung, haben Sie das Gefühl, dass sie in eine Phase gehen, wo – verkürzt gesagt – entweder die Piraten eine Epoche machen oder eine Episode sind und bleiben?

Ja. Ganz definitiv. Ich glaube, dass wir entweder in den nächsten Jahren viel Erfolg haben werden, dass wir 2020 wenn nicht in allen, dann in beinahe allen Landesparlamenten sitzen, im Bundestag, im EU-Parlament. Oder dass wir in den nächsten Wahlen signifikant verlieren werden und entweder ganz in die Versenkung verschwinden oder eben auf einen oder zwei Landtage beschränkt bleiben, in denen wir dann noch eine Weile weitermachen, aber von der großen Bühne der Politik wieder verschwinden.

Vielleicht sollten Sie eine Frauenquote einführen?

Ich glaube nicht, dass das daran etwas ändern würde, weil eine Quote als Mittel zum Aufbrechen von Strukturen funktioniert. Wenn ich Strukturen habe, die Frauen benachteiligen, dann kann eine Quote diese Strukturen zerstören und den Weg ebnen. Wenn die Strukturen aber so sind, dass das Geschlecht einer Person keine Rolle spielt, dann wirkt eine Quote eher negativ.

Warum gibt es so wenige Frauen bei den Piraten? Weil sie ja auch früher auf den Schiffen nicht die Mehrheit gestellt haben?

Ich glaube mit den Schiffen von früher hat das wenig zu tun. Ich kann es nicht beantworten, ich weiß es nicht. Ich stelle fest, dass es allgemein in der Parteienpolitik weniger Frauen als Männer gibt. Ich finde es sehr schade, weil ich die Erfahrung gemacht habe, dass eine Diskussion, die nur zwischen Männern läuft, sehr viel weniger sachlich läuft als wenn es ein gemischtes Publikum ist. Ich kann nicht beurteilen, wie es ist, wenn nur Frauen anwesend sind, da bin ich selten dabei. Aber ich glaube, dass eine Mischung tatsächlich in allen Bereichen sehr sinnvoll ist. Aber warum die Piratenpartei lange Zeit für Frauen weniger attraktiv war, kann ich tatsächlich nicht beurteilen und ich spekuliere auch ungern darüber. Ich stelle aber fest, dass es sich in den letzten Jahren deutlich entschärft hat, dass wir beispielsweise im Landesverband Bayern im Landesvorstand beinahe 50 % Frauen haben – ganz ohne jede Quote, ganz ohne jeden Versuch einer Regelung, einfach, weil sich das so ergeben hat, weil entsprechend viele Frauen kandidiert haben.

Auch wenn die Piraten es in den Bundestag schaffen, es wird wohl eine männerdominierte Partei sein.

Ich kenne bisher nur die Liste Baden-Württemberg, die anderen sind nicht aufgestellt.

Wie viele Frauen?

Da müsste ich nachschauen, wie viele es sind. Auf den ersten vier Plätzen, das sind die, die bei 5 % reinkämen, ist eine Frau.

Wenn Sie in den Bundestag gewählt werden – mit einem Auge auf die Verfassung – fühlen Sie sich dann dem Gewissen verpflichtet oder Ihrer Partei?

Dem Gewissen.

Das haben Sie ihren Kollegen von der Partei auch schon gesagt, bevor Sie auf den ersten Listenplatz kamen?

Das habe ich sehr deutlich gesagt: Als Parteivorstand repräsentiere ich die Partei und nicht meine eigene Meinung. Als Abgeordneter würde ich mein Gewissen repräsentieren – die Menschen und nicht meine Partei. Ich muss mich mit meiner Partei rückkoppeln, so viel hat sie verdient, aber ich bin nicht der Partei verpflichtet.

Ist das einer der größten Unterschiede, die Sie heute Abend zwischen den Piraten und anderen Parlamentsparteien sehen?

Ich glaube das würden alle Parteien erst mal sagen. Das steht ja auch in Grundgesetz Artikel 38.

Aber der Klubzwang wurde im britischen Parlament erfunden. Da heißt der gute Mann, der für den Klubzwang sorgt „the whip". Auch auf dem europäischen Festland gibt es diese Tradition.

Ja. In Deutschland heißt er parlamentarischer Geschäftsführer. Auf den Visitenkarten, wenn sie englisch sind, steht dann auch „Whip" wie Peitsche. Die meisten verstehen sich auch so, dass sie die Abgeordneten zu einer Haltung peitschen. Ich glaube, dass die Entscheidungsprozesse, die wir haben, ganz anders sind als in anderen Parteien. Wir sind tatsächlich basisdemokratisch organisiert, es sind nicht einzelne Abstimmungen, die dann in der ganzen Partei gefällt werden, sondern es sind eigentlich alle Abstimmungen, die so getroffen werden. Und wir fühlen uns nicht einer Parteiraison in erster Linie verpflichtet. Ob das noch kommt, kann ich nicht beurteilen. Ich kann nicht in die Zukunft sehen. Ich hoffe, dass wir möglichst lange ein bisschen widerborstig bleiben. Ich glaube der Gesamtansatz, zu sagen, die Partei steht ein Stückweit im Hintergrund, ist der Hauptunterschied.

Für das demokratische System in Deutschland würde der Einzug der Piraten in den deutschen Bundestag nicht auch bedeuten, dass sich die Parteienlandschaft noch mehr fragmentiert? Ich will jetzt damit nicht sagen, dass mit dem Einzug der Piraten die viel zitierten italienischen Zustände entstehen würden. Aber dass dann das Land noch schwieriger zu regieren ist? In jedem Fall: Wenn Sie den Einzug schaffen, traue ich mich wetten, heißt die nächste Kanzlerin wieder Angela Merkel.

Es spricht Vieles dafür, dass sie so oder so Angela Merkel heißen wird, weil sie entweder selbst eine Mehrheit zustande kriegen wird oder eine große Koalition.

Sie meinen CDU/ SPD.

Ja. Und in einer großen Koalition würde vermutlich wieder die CDU die Kanzlerin stellen. Aber ich halte diese Überlegung auch für Makulatur. Ob Merkel ihre Mehrheit hat oder nicht, liegt nicht an den Piraten, sondern daran, ob die Mehrheit der Bevölkerung sich im Endeffekt für Merkel entscheidet. Ob es jetzt fünf oder sechs Parteien im Parlament sind – es könnten ja auch mit den Piraten nur fünf Parteien sein, die FDP liegt derzeit ja auch bei knapp fünf Prozent, auch das finde ich nicht so wichtig. Es wird natürlich schwieriger, eine Zweiparteienkoalition zu stellen. Also die klassischen Rot-Grün, Schwarz-Gelb-Farbenspiele werden dann schwieriger. Aber man könnte über Dreiparteienregierungen reden, man könnte über Minderheitsregierungen mit einer Tolerierung reden, man könnte über thematische Koalitionen reden, es gibt sehr, sehr viele Möglichkeiten, wenn man ein Stückweit etablierte parlamentarische Traditionen aufgibt.

Was haben Sie sich denn neben dem Einzug in den Bundestag zum Ziel gesetzt? Wenn Sie im Bundestag sitzen, welches Thema liegt Ihnen besonders am Herzen? Sie haben einmal kurz das Thema Freiheit erwähnt. Kommt noch eines dazu oder ist es das?

Ich bearbeite primär Innenpolitik. Innenpolitik ist leider ein sehr umfangreiches Feld, und ich möchte es auch komplett abdecken. Das geht von parlamentarischen Prozessen, von der Art und Weise, wie Gesetzgebung stattfindet, wie das Verhältnis von Verwaltung und Legislative ist, das meiner Ansicht nach viel zu viel Macht auf die Verwaltung und die Ministerien gibt und viel zu wenig Macht ans Parlament – das sind Bereiche, die man reformieren muss – die Kontrolle über Exekutivbehörden, egal ob Polizei oder Geheimdienste, muss ganz grundsätzlich umgebaut werden. Das beginnt bei der Art und Weise, wie das Parlament arbeitet, wie zum Beispiel das parlamentarische Kontrollgremium arbeitet, oder wie G 10-Gremium usw. arbeiten, und geht bis runter dahin wie diese Behörden organisiert sind, inwieweit Beamte politische Beamte oder Verwaltungsbeamte sind, wie weit die Verwaltungen sich in die Gesetzgebung einmischen dürfen. Das ist ein sehr breites Feld, das ich bearbeiten will, aber ich glaube, dass Freiheit, Bürgerrechte, Mitbestimmung und Demokratie die Grundpfeiler sind. Ein Thema, das mir am Herzen liegt, ist Umweltpolitik, aber ich glaube, da bin ich zu sehr mit Herz dabei, zu emotional. Das würde ich also eher nicht bearbeiten.

Sobald Sie im Parlament sitzen, müssen Sie damit rechnen, dass es eine außerparlamentarische Opposition gibt, die Sie kritisiert. Auch Aktionen, die unter den Begriff „Widerstand“ fallen, sehen Sie dann vielleicht aus einer ganz anderen Perspektive als bisher. Weil es mir unlängst untergekommen ist – ich glaube es ist Bertold Brecht – wenn Unrecht zu Recht wird, wird Widerstand zur Pflicht. Welche Form von Widerstand könnte Sebastian Nerz sich für sich vorstellen, dass sie legitim ist?

Ich glaube Widerstand muss gewaltfrei sein. Innerhalb dessen kann man viel machen. Ich glaube aber, dass es sinnvoller ist, ein System von innen heraus zu verändern. Deshalb bin ich in eine Partei eingetreten, um auf diesem Weg etwas zu verändern und eben nicht über Demonstrationen und Sitzblockaden. Die haben ihre Berechtigung. Die sind wichtig, vor allem, um Missstände aufzuzeigen. Aber ich glaube, dass zumindest die Geschichte der Bundesrepublik zeigt, dass zumindest bei uns aus dem System heraus das System zu verändern besser funktioniert als es von außen zu versuchen.

Wenn ich Ihnen so zuhöre, dann frage ich mich: Warum haben sich die Piraten „Piraten“ genannt?

Davon gibt es mehrere unterschiedliche Versionen. Die Piratenpartei wurde in Schweden in der Hochphase der Debatte um das Urheberrecht gegründet, um Piraterie im Netz, um illegale Kopien. In der Zeit gab es auch Durchsuchungen in Schweden. Es wurden Server beschlagnahmt. Später hat sich herausgestellt, dass diese Beschlagnahmungen illegal waren. Aus diesem Streit ums Urheberrecht, aber auch aus dem Erkennen heraus, dass die Politik, die wir haben, die Zeit, die wir haben, einfach nicht mehr funktioniert, ist die Piratenpartei entstanden. Um diesen Konflikt aufzugreifen, hat man sich dann Piratenpartei genannt – einfach weil es naheliegend war.

Also mit Freibeutern haben Sie nichts am Hut.

Man könnte jetzt historisch verklärend sagen, dass die Freibeuter die ersten demokratischen Organisationen waren, weil die Schiffe tatsächlich mehr oder weniger demokratisch organisiert waren und im Gegensatz zur Handels- und Kriegsmarine die Beute auch demokratisch aufgeteilt wurde. Aber ich glaube, dass das ein sehr historisch verklärendes Bild ist, das wenig mit der Realität zu tun hat. Von da her – nein. Wir haben nur diesen Begriff aufgegriffen. Wir wollen auch keine Gewalt üben.

Sie hätten wahrscheinlich auch ein anderes Modell für Umverteilung.

Ich glaube auch da, dass Gewaltfreiheit sinnvoller wäre, und das ist dann als Pirat schwierig.

„Empört Euch!“ hat Stéphane Hessel, der französische Diplomat und Menschenrechtsaktivist, in seinem Buch geschrieben und gemeint: „Neues schaffen heißt Widerstand leisten. Widerstand leisten heißt Neues schaffen.“ Wofür, Herr Nerz, lohnt es sich denn zu kämpfen?

Das kann ich ganz pathetisch beantworten: für die Freiheit. Für alles das, was einem wirklich wichtig ist. Man muss sich überlegen: Was möchte ich. Ohne das „Was“ kann ich mir das Leben nicht vorstellen. In was für einer Gesellschaft möchte ich leben – und versuchen, entweder diese Gesellschaft zu erhalten oder diese Gesellschaft zu schaffen, in der man entweder selbst leben möchte oder wo man möchte, dass seine Kinder aufwachsen. Dafür lohnt es sich zu kämpfen.

Ich danke Ihnen für das Gespräch.

Danke Ihnen.

WHAT MONEY, BIKING AND PSYCHOLOGY HAVE IN COMMON: THE THREE COINS APPROACH

Katharina Norden

Personal finance has a lot in common with riding a bike. Think back, how did you learn how to ride a bike? In my case, somebody told me what to do and how to move. However, that wasn't enough to really learn how to bike. I had to try, fall, stand up again, practice and eventually, I was able to hold the balance and biking became intuitive.

Learning how to deal with money works the same way. It actually doesn't make much of a difference to know abstract concepts, like what is a bank account and how to calculate interest. In order to learn how to manage personal finance well, we have to try out, struggle, practice, in order to eventually keep our accounts balanced. Only, this crucial element of financial education is often overlooked or not enabled in an effective way. If we want to teach smart financial behavior, there has to be a safe environment, in which young people can test their financial skills – and that does not mean to test their ability to explain how a credit card works. It means to enable them to experience how financially responsible behavior feels, to bridge the gap between savings and habit formation.

This is where Three Coins' project "The CURE" comes in. Last year, we realized what a pressing challenge financial illiteracy has become, especially concerning the young. In my native Austria, a well-off Central European country, the average 25-year-old is indebted. Every fifth client of debt advice services is under 25 with an average of 30.000 Euros (45.000 dollars) in debt. Likewise, in the US, a study by Sallie Mae revealed that the average student now has at least four credit cards and will graduate with $4,100 in credit card debt. Only 17 percent of students say they regularly pay off all cards each month. (Source: http://www.consumerfinance.gov/blog/author/wsealy/)

This points to a dilemma in financial education. As argued by the New America Foundation in June 2011, common approaches to teaching financial capability "understate the role of psychological barriers to establishing sound financial behaviors". In my opinion this holds true because of two dynamics:

1. There is a significant imbalance between the ease of spending money and the challenge of saving money. Our system very much encourages to spend and to invest, whereas incentives to save are not easily accessible. Psychologically this makes spending become intuitive, while saving remains a locked chest.
2. In the best case, financial education is deemed boring and dry, in the worst case it triggers feelings of inferiority and incapability. When it

comes to learning about money, it often comes along with feeling overwhelmed. We like to quickly stick the head in the sand when things get overwhelming. "Whatever. I'll cope somehow... I'll just spend whatever flows in, estimate about how much I will need and I'm going to be fine."

Money management seems overwhelming, because there are so few safe environments that allow to actually try it out, get an overview over what common challenges there are out there, and to receive feedback at a point where personal debt is not yet an issue.

"The CURE" is an online adventure game with a unique in-game dialogue system, and the possibility to set individualized performance goals. It is developed in cooperation with debt counselors, behavioral psychologists, and serious game experts. A close link to Facebook enables "social learning" by interacting with Facebook friends and other players. The game can only be won if the player has learned the nuts and bolts of responsible personal finance and repeatedly demonstrates these skills throughout the game.

The story: you are finding yourself in a world that is in a state of trouble. A dangerous virus is all over the place and there is only one resource that protects you from it: the CURE. A big corporation has specialized on producing and selling it. The CURE is so essential to survival that has become the world's new currency. Your mission is to equip yourself with that resource and to never run out of it. In order to secure your life, you have to run errands, complete quests and fight challenges out in this world. And you have to make sure you never lose sight of your savings. What that means exactly... in "The CURE" you can only succeed if you learn to become one of the savviest, fastest, and smartest in handling the mysterious resource.

This leads directly to what makes this game truly different from many other educational games: it focuses on immersion in an intriguing story. It's also metaphorical in nature. While focusing on financial literacy, the word "money" does not exist in the game's universe. It all revolves around the very limited resource, which is needed to cover all your wants and needs including your health as well as your social status. Be smart, make the right friends, and the right deals. Explore this environment and become street-savvy. By handling all the challenges the gameworld throws at you, you'll become an expert in handling the limited resource that will not only keep you alive, but might allow a life beyond your wildest dreams. Eventually, the resource might enable you to even shape your own game world – it's an adventurous, exciting, and sometimes dangerous road until you achieve that status!

Due to the strong metaphorical ties between this ominous resource and what we know as "money" in our world, becoming an expert in managing this resource means becoming a financially literate person.

The game is co-developed by a young team of social entrepreneurs, game designers, psychologists, debt counselors, and youth. It is planned to launch in Spring 2013, given the final financial means for development will be covered within the next months. Its potential for effecting positive change in financial education is real, since it will be a highly scalable tool that aims to reach a maximum amount of teenagers via Facebook. Most importantly, the concept of "The CURE" will provide a safe learning environment that will bridge the gap between knowledge and behavior.

That's exactly what we need in order to make education about money management effective.

INNOVATION DURCH KOOPERATION

Joachim Schreiber

Wir werden viele Experimente brauchen, um bessere Lösungen zu finden, die Problemfelder Energie und Abfall für die Zukunft zu lösen. Innovation durch Kooperation könnte dabei ein wichtiger Ansatz sein. Müll ist im Sinne von Cradle to Cradle ein kostbarer Rohstoff für die Erzeugung neuer Produkte. Wertschöpfungsprozesse spielen künftig eine große Rolle.
GLOBArt wagte das Experiment im Rahmen der 15. GLOBArt Academy wichtige Player wie Mondi, die sich intensiv mit der Entwicklung neuer Verpackungsmaterialien befassen, die niederösterreichische Wirtschaftsagentur ecoplus, Brantner Walter GmbH, den Spezialisten für Abfallwirtschaft, Joachim Schreiber, einen der innovativen Impulsgeber von KernCraft, den Unternehmer Bernd Hugenroth, der aus Lebensmittelabfällen Biogasanlagen erfolgreich speist sowie Roland Ferth vom Lebensministerium, der sich seit vielen Jahren mit diesem Thema auseinandersetzt, zu einem Workshop einzuladen, um über Kooperationen und Innovationen nachzudenken.
Ein Beispiel:

In der europäischen Saft-, Schnaps- und Marmeladeproduktion fallen jährlich etwa 550.000 Tonnen Steinobstkerne als Restmüll an. Das von mir vorgestellte und von Univ. Prof. Hanswerner Mackwitz entwickelte und mehrfach ausgezeichnete Cascading-Projekt stellt eine innovative Lösung dar, welche eine restlose In-Wert-Setzung dieser Restmassen ermöglicht. Aus bisherigem Restmüll wird in einer UP-cycling-Kaskade nicht nur hochwertiges Steinobst-Mandelöl gewonnen. Auch der proteinreiche Presskuchen kann in der Kosmetik oder der Gastronomie eingesetzt werden. Die geknackten Hartschalen finden als Granulat Einsatz sowie als Sandstrahlmittel, Peelings, Additiv für Holz-Spritzgussanwendungen, Fußbodenplatten oder auch als Brennstoff. Neue Einsatzgebiete für bisherige Abfallstoffe insbesondere in der Nahrungsmittelbereitstellung und im Energiesektor zu finden, ist wohl die größte Herausforderung, wenn wir eine nachhaltige Wirtschaft erreichten wollen, welche in der Lage sein soll, sieben Milliarden Menschen zu ernähren.

Es ist jedoch wichtig einzusehen, dass wir bei derzeitigen Verbräuchen und Abfallmengen mit innovativen Technologien alleine nicht „das Ruder herumreißen" werden können – mögen die Ideen auch noch so vielversprechend sein. Das Hauptproblem ist hierbei die Wachstumsdoktrin, in der unhinterfragt ewiges Wirtschaftswachstum als heilsbringende Voraussetzung für Wohlstand und Entwicklung angesehen wird, ungeachtet der Tatsache, dass unser Planet nur über begrenzte Ressourcen verfügt: Der „Welterschöpfungstag" oder auch „Overshoot-day" genannt, wurde 2012 bereits für den 22. August errechnet. Wir verbrauchen also bereits derartig viel von allem, dass seit diesem Datum nicht mehr von nachhaltigem Wirtschaften gesprochen werden kann. Seit diesem Stichtag führt unser Verhalten weltweit zur Schädigung der Ökosysteme, sei es durch Überfischung, Abholzung, Wüstenbildung durch Wasserverschwendung,

Versalzung, Überdüngung und ähnlichem Raubbau. Die Größenordnung des Problems von exponentiellem Wachstum wird deutlich, wenn man bedenkt, dass dieser Stichtag 1970 überhaupt erstmalig erreicht wurde und 2008 bereits auf den 22. September viel und seit dem jedes Jahr etwas näher an den Jahresbeginn heranrückt. Es muss uns äußerst bewusst sein, dass die Auswirkungen unseres Handelns gravierend sind und dass sich unsere Biosphäre nicht durch gut gemeinte, punktuelle Alibiaktionen beeindrucken lassen wird.

Nichts weniger als eine völlige Neudefinition unserer Art mit Ressourcen umzugehen, wird den nötigen Unterschied machen. Ein Festhalten an der Wachstumsdoktrin als „heiliger Kuh" unserer freiheitlichen Gesellschaft und ihrer Lust an Besitz und Konsum, muss im Licht dieser unverrückbaren Tatsachen vollkommener geistiger Umnachtung zugeschrieben werden. Ich sage das nicht leichtfertig. Wir müssen uns vergegenwärtigen, dass die Gesellschaft mit all den Annehmlichkeiten, die wir zur Gewohnheit werden haben lassen, nie eine gottgegebene und unverrückbare Notwendigkeit war.

Mach dir die Erde Untertan...natürlich! Zunächst müssen wir jedoch für uns erkennen, dass wir derzeit keinen weisen und gütigen Herrschern gleichen, die von den Untertanen geliebt werden. Vielmehr verhalten wir uns wie trunkene Raubritter, die mordend, vergewaltigend und brandschatzend eine Spur der Verwüstung hinterlassen. Das darf aber kein Anlass zur Resignation sein. Vielmehr müssen wir erkennen, dass es noch sehr viel zu tun gibt und uns angespornt fühlen nicht nur tätig zu werden, sondern auch Druck auf Entscheidungsträger – staatliche wie auch private – aufzubauen, sich etwas mehr zu engagieren.

Lass mich scheinen, dass ich werde

Grob 60 % des anfallenden städtischen Mülls könnte recycelt oder kompostiert werden, weltweit bewegen wir uns jedoch gerade einmal im hohen einstelligen oder niedrigen zweistelligen Bereich, so Daten überhaupt vorhanden oder vergleichbar sind. Dafür sind laut UNEP in den Weltmeeren heutzutage bereits sechs Mal so viele Plastikpartikel anzutreffen als Plankton (!!). Auch zu Beginn der Wertschöpfungskette sieht es noch relativ dürftig aus: Nur etwa 1 % des weltweit gehandelten Kaffees wird nach „Fair Trade"-Kriterien, also ökologisch UND sozial nachhaltig produziert. Weltweit sind erst 7 % der Nutzwälder überhaupt zertifizierter Waldnutzung zuzuordnen. Nur ein Viertel davon (!), also nicht einmal 2 %, ist nach den strengen FSC-Kriterien zertifiziert, welche ökologischen, wirtschaftlichen und sozialen Kriterien in der Beurteilung dasselbe Gewicht zugestehen.

Effekte exponentiellen Wachstums

Wir können also unschwer sehen, dass wir uns wirklich werden anstrengen müssen, um einen Unterschied zu machen. Nicht zu vernachlässigen sind nämlich auch sogenannte „Reboundeffekte". Diese bedeuten etwa, dass vorliegende Probleme insgesamt unter Umständen auch dann schlimmer werden, wenn wir Aktionen setzen. Reduziert ein Land oder eine Firma das Abfallaufkommen oder den Energieverbrauch etwa um 5 %, der betreffende Sektor weist jedoch ein Gesamtwachstum von 10 % auf, ist die Situation danach trotzdem immer noch schlimmer als das Jahr davor: Der Druck auf das Ökosystem nimmt demnach unweigerlich weiter zu. Diese Abhängigkeit wird unter besonderer Berücksichtigung exponentieller Effekte in Zusammenhang mit exponentiellem Wachstum immer wieder völlig unterschätzt: Bei 5 % Wachstum kommt es bereits nach etwa 14 Jahren zu einer Verdopplung zB der Abfallmengen oder des Rohstoffverbrauches. Bei Wachstumsraten von etwa 10 % wie wir sie in den „emerging markets" vorfinden, sind es dementsprechend nur sieben Jahre oder noch kürzere Zeiträume …

Wie lässt sich also die gegenwärtige Situation beschreiben? Relativ einfach: Gut gemeint ist das Gegenteil von gut gemacht. Wir winden uns noch. Wir üben uns, wir tun als ob. Wir hoffen scheinbar immer noch, dass wir am Ende doch keine Opfer werden bringen müssen, weil das natürlich schmerzen würde und wir vielleicht nicht sicher sind, dass wir mit den neuen Gegebenheiten werden auskommen können. Dabei sollten wir die Alternativen, die uns jetzt noch zur Wahl stehen, dankbar und mit offenen Armen annehmen. In der Gewissheit, dass die Rechnung jeden Tag größer wird, die wir am Ende zu begleichen haben werden, wenn wir dazu dann überhaupt noch in der Lage sein werden.

„… der Mutige zog das Schwert und durchstach die Wand, um zu sehen ob sein Arm stark genug sei. Dann ging er und tötete den Mächtigen."
Thomasevangelium, Vers 98

ART BRUT – EIN MODELL FÜR SOZIALEN WANDEL?

Hannah Rieger und Claudia Röschl

„Art Brut – Ein Modell für sozialen Wandel?" war Titel und Ausgangsfragestellung unseres Workshops.

Im Kontext der zeitgenössischen Kunst ist bis heute der experimentelle Charakter von Art Brut unbestritten. Art Brut ist innovativ und boomt europaweit. Diese Kunstrichtung wird von Menschen mit einem besonderen Zugang zu Wirklichkeit geschaffen. Die Künstler sind nicht akademisch ausgebildet, gängige Kunsttrends bedeuten ihnen nichts. Ihre Formensprache ist individuell, ursprünglich und roh. Daher nannte Jean Dubuffet diese Kunstrichtung „Art Brut" und Roger Cardinal bezeichnete sie als „Outsider Art".

Zwei Geschichten zum Einstieg in das „Experiment":

Selfridges und das Museum of Everything

Das traditionsreiche Londoner Kaufhaus Selfridges wurde im Herbst 2011 temporär zum Art Brut Museum. Gezeigt wurde die Exhibition #4 des Museum of Everything, ein „non museum for non art". Das heißt, es ist kein klassisches Museum und hat keinen fixen Ausstellungsort. Die Ausstellung zeigte rund 400 Werke von 50 Ateliers aus der ganzen Welt. Aus Österreich waren Gugging (mit Leonhard Fink, Heinrich Reisenbauer, Günther Schützenhöfer, Karl Vondal) und die Lebenshilfe Oberösterreich (mit Josef Hofer) präsent. Die Ausstellung wurde von mehr als 100.000 Besuchern in 2 Monaten gesehen. Die unkonventionelle Leistung des Kaufhauses bestand in der stimmigen Verknüpfung von Kunst und einem wesentlichen Aspekt der Unternehmensidentität. 1909 gegründet, wollte Selfridges damals vor allem gegenüber dem Marktführer Harrods damit punkten, die Produkte in den Schaufenstern auf der Oxford Street besonders kreativ zu präsentieren. Und deshalb waren auch 2011 alle Schaufenster mit Art Brut gestaltet.

Der Art Brut Künstler Oswald Tschirtner

Art Brut Künstler sind in der Lage Großartiges zu schaffen und der Gesellschaft Wertvolles zurückzugeben. Sie können mit ihrer Kunst Geld verdienen. Dadurch gelingt die Integration und Inklusion im Sinne der Teilnahme an unserem Wirtschaftssystem.

Oswald Tschirtner, einer der bekanntesten Gugginger Künstler, hat mit dem Erlös aus seinen Kunstwerken soviel Geld verdient, dass er sich in hohem Alter

eine individuelle Pflege leisten konnte. Dadurch war es ihm möglich, bis zu seinem Tod 2007 an seinem langjährigen Wohn- und Schaffensort in Maria Gugging zu bleiben.
Art Brut als Dachmarke hat Oswald Tschirtner weltweiten Ruhm als Künstler eingebracht. Er ist in allen wesentlichen internationalen Art Brut Sammlungen vertreten. Jean Dubuffet hat in den 1970er Jahren Leo Navratil (Gründer des Hauses der Künstler in Gugging) die Fähigkeiten Oswald Tschirtners im Sinne der Art Brut bestätigt.

Art Brut hat sich für Oswald Tschirtner auch finanziell ausgezahlt. Die Teilhabe an unserem Gesellschaftssystem ist ihm als Außenseiter gelungen. Ab 1981 lebte er im Haus der Künstler in Gugging. Als Bewohner einer psychiatrischen Klinik und später Sozialhilfe-Einrichtung (was Gugging heute ist) zu arbeiten und Geld zu verdienen und dadurch an unserer Marktwirtschaft teilzunehmen, sind nach heutigem Verständnis, wesentliche Kriterien für Inklusion und gesellschaftlichen Wandel.

Die Außenseiter-Thematik

Was Art Brut ausmacht und gerade jetzt attraktiv zu machen scheint, ist für uns Ausdruck einer tiefen gesellschaftlichen Sehnsucht nach Authentizität. In unserer globalisierten Welt erleben sich die Menschen zunehmend gefangen und grenzenlos zugleich. In diesem Spannungsfeld ist auch die Sehnsucht nach sozialer und kultureller Verantwortung begründbar. Möglicherweise wird daher Art Brut als sinnstiftend empfunden. Auch wenn es immer nur um qualitativ hochwertige Kunst und nicht um „Mitleid" für die Außenseiter-Künstler geht. Denn Art Brut hat schon auch mit der Außenseiter Thematik zu tun.

Ergebnisse der Art Brut Umfrage

In Vorbereitung des Workshops haben wir eine internationale Online-Umfrage zum Thema des Workshops unter rund 100 Expertinnen und Experten (als Künstler/in Sammler/in, Galerist/in, Kurator/in, Journalist/in, in einer öffentlichen Verwaltung, in einem Auktionshaus, an einer Universität, in einem Unternehmen, in einem Verein, in einer sozialen Einrichtung, in einer Stiftung) durchgeführt.
Mehr als die Hälfte hat daran teilgenommen.

Die Highlights aus der Umfrage:

71 % stimmen der Aussage zu „Art Brut erlebt derzeit einen Boom"
77 % bejahen: „Art Brut ist ein Modell für sozialen Wandel"
67 % meinen, dass Art Brut die gesellschaftliche-wirtschaftliche Transformation unterstützen kann.

Erlebt Art Brut derzeit einen Boom?

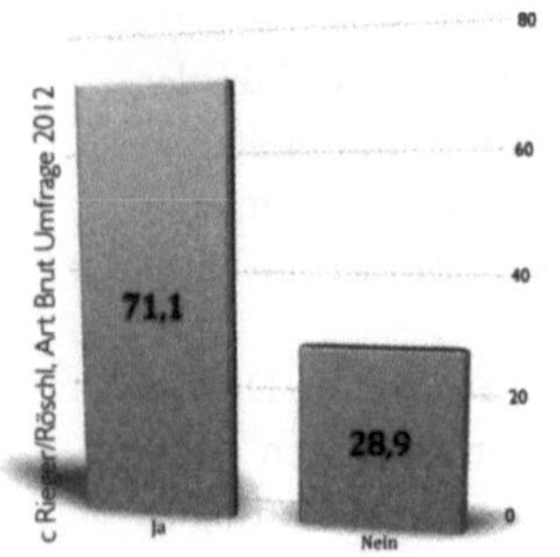

Ausgewählte Aussagen zu JA

Angelica Bäumer*: „Dass es weltweit vermehrt Ausstellungen gibt und Museen eigene Outsider-Departements gründen (z.B. Lille), dass die Künstler der Art Brut und Outsider-Art-Szene in Auktionen und Kunstmessen gleichberechtigt mit zeitgenössischer Kunst präsentiert und hochpreisig gehandelt werden."

Laura Latanza: „An den zahlreichen internationalen Initiativen auf musealer und wirtschaftlicher Ebene."

Gottfried Eisl: „Entgegen früherer Jahre ist Art Brut für einen typischen Vernissagen-Besucher ein Begriff geworden. ... es ist schick geworden, in der Sammlung auch einen Vertreter von Art Brut zu haben."

Gerhard Kisser: „An vermehrter Leihgaben-Nachfrage. An immer häufigeren Ausstellungen von Art Brut Künstlern und Künstlerinnen. An internationalen Auktionsangeboten und höheren Erlösen."

Ausgewählte Aussagen zu NEIN

Jane Kallir: „I gather that interest in the field is increasing in Europe, but in the US, where I live, it is just the opposite."

Heinz Kammerer: „Wenige kompetente Händler, wenig Auktionstätigkeit, wenige große Ausstellungen."

Alfred Pritz: „Bei Auktionen bleiben Kunstwerke liegen, leider, es gibt nur einen „künstlichen" Sammlermarkt, der ziemlich klein ist."
„Zumindest nehme ich Art Brut in Kulturbeilagen von Zeitungen kaum wahr."

Ist Art Brut ein Modell für sozialen Wandel?

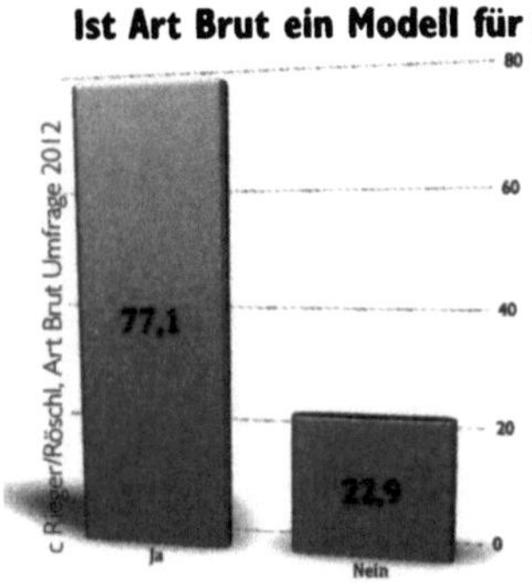

Angaben in %

Ausgewählte Aussagen zu JA

Dagmar Chobot: „Die Kunst wird ernstgenommen."

Josef Bittner: „Anerkennung des Anderen, Anerkennung des Fremden."

Heinz Kammerer: „Abschaffung der Kunst-Eliten, es zählt die Arbeit und nicht die Zugehörigkeit der Künstler zu einer mehr

*) Die namentlich genannten Personen haben ihr Einverständnis erklärt, dass ihre Kommentare auch namentlich zitiert werden können.

oder weniger angesehenen Gruppierung."
Nikolaus Köhler: „Durch die Wahrnehmung von Art Brut werden Outsider zu wahren Insidern des Kunstmarktes."
Jodok Moosbrugger: „Es verdeutlicht die gesellschaftliche Auseinandersetzung mit und auch die gesellschaftliche Akzeptanz von menschlichem Sein und dessen künstlerischen Ausdruck, das vor nicht allzu langer Zeit als nicht lebenswert erschien und entsprechend damit umgegangen wurde."
Walter Bertolini: „Ja, weil es Normalität als nur eine „Konstruktion" von „Wirklichkeit" herausstellt."
Norbert Pauser: „Wenn Gleichstellung die Pflicht ist, dann ist Art Brut die Kür."
Lisa Fischer: „Da Personen, die früher als behindert eingestuft wurden, durch ihre Kunstproduktion eine wertschätzende Aufmerksamkeit erhielten und damit das Bild vom Menschen insgesamt veränderten."
Johannes Kaup: „Weil die kreative Tätigkeit und visionäre Kraft von Menschen mit Behinderungen erkannt wird."
Gabriele Wolfrum: „Ausstellungen und Medien schaffen eine Auseinandersetzung mit Art Brut."
Harald Schwarz: „Weil viele Menschen über die Art Brut zu Kontakten mit Behinderten kommen und diese auch schätzen lernen."

Ausgewählte Aussagen zu NEIN
Eduard Angeli: „Ist nur eine andere Sichtweise, aber kein sozialer Wandel."
Florian Reese: „Die verdichtete Wahrnehmung der Kunst der sogenannten „Outsider" ist ein interessanter Indikator für die temporäre gesellschaftliche Befindlichkeit."
Wolf Maritsch: „Ich habe keine Argumente für ja."
Helmut Voitl: „Art Brut ist (leider) elitär."
„Einfluss von Art Brut auf soziale und kulturelle gesellschaftliche Veränderungen zu gering."

Kann Art Brut die gesellschaftlich-wirtschaftliche Transformation unterstützen?

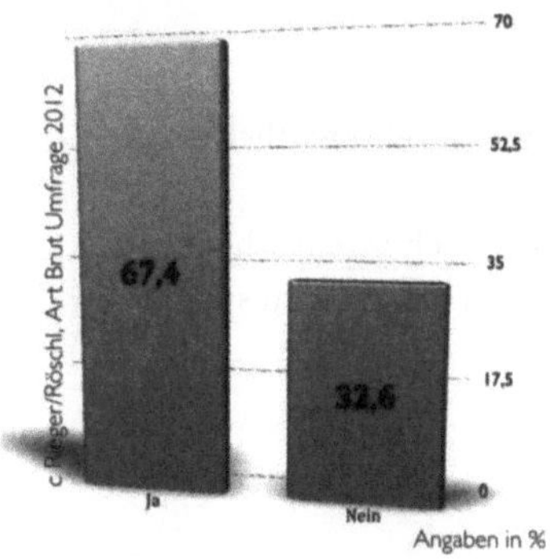

Ausgewählte Aussagen zu JA
Ferdinand Altnöder: „Mensch ist mehr. Zu dieser Sicht hilft auch die Art Brut."
Gerhard Roth: „Indem die Künstler im Vergleich mit sogenannten normalen Künstlern bestehen und zeigen können wie reich ihre Kopfwelt ist und wie nahe der „unseren" schöpferischen."
Robert Kaspar: „Als Beitrag zur Demokrati-

sierung von Kunst."
Alexandra Bachtiar: „Viele Künstler haben so viel Einkommen, dass sie sich selbst erhalten können. Andere zahlen mit ihrem Einkommen einen Teil der Sozialleistungen der öffentlichen Hand zurück."
Ulrike Reinhard: „Weil es zeigt, dass auch „Kranke"/„Randgruppen" Großes leisten können. Auch ihrer Kreativität sind keine Grenzen gesetzt."
Karin Bauer: „Weil es Bewusstsein erweitert, traditionelle Grenzen seh- und fühlbar aufhebt und so einen neuen Blick ermöglicht."
Rita Hochgatterer: „Bietet Reflexionsmöglichkeiten mit Themen des menschlichen Daseins."
Heinz Mathis: „Wenn sich mehr Menschen mit Integration, mit Nächstenliebe UND mit Kunst/Kultur beschäftigen, werden Spannungen abgebaut und Wertschöpfung verlagert."
„Indem die Wirtschaft sich mit Themen beschäftigt, die nicht ausschließlich der Ertragsorientierung unterliegen, sondern auch die soziale Komponente einbeziehen."

Ausgewählte Aussagen zu NEIN
Jane Kallir: „Art can question the status quo, it is not necessarily powerful enough to change it."
Alfred Pritz: „Ist ein Nischenthema."
Georg Peithner-Lichtenfels: „Weil sich die Menschen viel zu wenig mit Kunst auseinandersetzen im Vergleich zu Sport, Freizeitvergnügen, Fernseh- und Castingshows – das heißt Kunst erreicht nur einen kleinen Prozentanteil der Menschheit.."
„Ich erlebe aktuell eine Kommerzialisierung der Art Brut."
Robert Schächter: „Die Kunst ist was sie ist – und bitte nicht immer gleich einen wirtschaftlichen Nutzen hineintüfteln."

Zusätzliche Fragen

Was ist für Sie das besondere an Art Brut?

Paul Gessl: „Eigenständigkeit, interdisziplinärer Ansatz, gesellschaftlicher Diskurs."
Michael Landau: „Die Originalität und Kraft der Bilder, auch ihre Authentizität. Und oft das Selbstbewusstsein der KünstlerInnen, das in den Bildern spürbar ist."
Linde Waber: „Es ist eine großartige Kunst!"
Wolf Maritsch: „Die intellektuelle Unschuld."

Alfred Pritz: „Einzigartig in einer Welt der Konturenlosigkeit“
Markus Landert: „Außenseiterkunst ist eine Unterabteilung der Kunst mit einer nunmehr über hundertjährigen Geschichte. Außenseiterkünstler sind oft Autodidakten, agieren am Rand des Kunstsystems und in vielen Fällen auch der Gesellschaft. Aufgrund dieser besonderen Produktionsbedingungen wird der Außenseiterkunst vom Publikum eine besondere Authentizität und Unmittelbarkeit zugesprochen.“
„In Art Brut I can see the real person behind the art, the soul of the artist.“

Welche Bedürfnisse unserer Zeit werden durch Art Brut angesprochen?

Stefan Rothleitner: „Die besondere Art einer inneren Sichtweise von künstlerisch hoch begabten Menschen.“
Karin Bauer: „Tiefe und Sinn“
Norbert Pauser: „Inklusion – Exklusion“
Christian Halmdienst: „Emotion – Echtheit – Ehrlichkeit“
Ferdinand Altnöder: „Hohe Kreativität, Originalität, Wertschöpfung – ideell und materiell“
„Zugang zu Kunst für alle“
„Diversität“
„Bedürfnis nach Ursprünglichkeit, nach Originalität und Authentizität.“

Die Auswahl der Zitate erfolgte in Vorbereitung für den Workshop und eine damit verbundene Einführung in das Thema. Insgesamt haben die vielfältigen und ausführlichen Rückmeldungen bestätigt, dass Art Brut ein interessantes Feld für künftige Diskurse ist. Wir danken an dieser Stelle allen, die sich an unserer Umfrage beteiligt haben.

Die Sichtweisen der Experten im Workshop

Inputs von Dagmar Chobot (Galeristin in Wien und Art Brut Spezialistin), Paulus Hochgatterer (Kinderpsychiater und Schriftsteller), Arno Böhler (Philosoph und Filmemacher) und Martin Schenk (Armutsexperte und Fachmann für sozialen Wandel) bildeten den Einstieg in den Dialog mit den Workshop-TeilnehmerInnen.

Paulus Hochgatterer

Paulus Hochgatterer erzählt seinen autobiografischen Zugang zu Art Brut, der 1984/85 im Rahmen eines achtmonatigen Zivildienstes im „Alten Kaffeehaus“ des damaligen psychiatrischen Krankenhauses in Gugging begann. „Diese acht Monate waren in meiner psychiatrischen Ausbildungszeit die wichtigsten meines Lebens. Ich habe die Erfahrung gemacht, alleine gelassen unter psychisch Kranken nicht nur zu überleben, sondern in Kontakt zu kommen mit einer ganz besonderen Form von Existenz. Auch mit Künstlern, die den Großteil ihres Lebens in einem psychiatrischen Krankenhaus verbracht haben. Das hat mich ganz entscheidend geformt und meinen Entschluss Psychiater zu werden, gefestigt."

Besonders in Erinnerung geblieben sind Paulus Hochgatterer Begegnungen mit Oswald Tschirtner und Franz Kamlander, seinem Gugginger Lieblingskünstler. Er hat diese Menschen in ihrer spezifischen Vulnerabilität, sozial zurückhaltend und trotzdem in einer ganz einzigartigen Weise zugewandt, kennengelernt. Als Psychiater betont Hochgatterer, dass die Kunst psychisch kranker Menschen einer spezifischen Begabung/Identität entspringt. Die Kunst ist immer etwas, was diese Menschen in ihrer Krankheit positiv beeinflusst, strukturiert und stützt und sie ist auch für die Bewältigung ihrer psychiatrischen Basisstörung (z.B. Schwierigkeiten beim Denken, in der Unterscheidung Innen/Außen, Ich/Nicht-Ich oder im sozialen Zugang zu anderen Menschen) wichtig.

Paulus Hochgatterer spricht weiters die Geschichte der österreichischen Art Brut im Nationalsozialismus an. Das bedeutet, dass die berühmten „alten" Art Brut-Künstler Überlebende waren. Er betont die massiven Veränderungen in der Psychiatrie in den letzten Jahrzehnten.

Er schließt sein Statement mit den provokanten politischen Bemerkungen: „Wo viel Licht ist, ist auch viel Schatten. Wo viel Aufmerksamkeit ist, wird immer auch viel übersehen. Wo großer Enthusiasmus ist – und Art Brut erzeugt großen Enthusiasmus – geht es um Partikularinteressen, Geld und Abwehr. Abwehr im psychoanalytischen Sinn von Dingen, über die nicht gesprochen wird."

Die Antwort auf die Kernfrage unseres Workshops ist für Paulus Hochgatterer weder mit „Ja" noch mit „Nein" zu beantworten.

Dagmar Chobot

„Besonders erwähnen möchte ich, dass ich ebenso Autodidaktin bin wie die meisten Art Brut Künstler, sowohl als Sammlerin, nämlich seit 1968, als auch seit 1971 als Galeristin.

Einerseits war es die Ursprünglichkeit der Werke der Art Brut und andererseits die Lektüre der Bücher von Leo Navratil, die bewirkt haben, dass ich schon sehr früh, gemeinsam mit meinem Schriftstellergatten Manfred Chobot, fast ohne Geld begonnen habe, Art Brut zu sammeln. Bei der ersten und besonders wichtigen Ausstellung 1970 in der Galerie nächst St. Stephan haben wir Arbeiten der Gugginger Künstler gekauft, und mir war von allem Anfang bewusst, dass dies gute Kunst ist.

Die Quote künstlerischer Begabung ist annähernd gleich, ob diese Menschen in einer Klinik hospitiert sind oder nicht. Andererseits genügt es nicht, „verrückt" zu sein, um gute Kunst zu schaffen. Zeichnungen, die im Rahmen einer Therapie entstehen, sind zumeist nicht Kunst, sondern genauso zu bewerten wie Arbeiten von Hobbyzeichnern, als eine Art von „Handwerk", das in ein anderes berufliches Medium abdriftet.

Für mich sehr interessant war, als ich 1993 anlässlich einer Kunstmesse in Los Angeles im County Museum eine Ausstellung mit dem Titel „Parallel Vision" gesehen habe, bei der Künstler vertreten waren, die ich bereits gehandelt habe. Vier Beispiele möchte ich erwähnen, nämlich Johann Hauser und August Walla als Art Brut-Künstler einerseits, A.R. Penck und Georg Baselitz andererseits, die gleichwertig nebeneinander Bestand hatten.

Große Künstler sind fast immer Außenseiter, sonst könnten sie keine Kunst schaffen, allerdings habe ich zu meinem Bedauern festgestellt, dass sich heutzutage Kunst mehr und mehr zur „Millionenblase" entwickelt. Zeitgenössische Künstler, die 200 Mitarbeiter beschäftigen, verdrängen „Klassiker" vom Markt und ihre Werke erzielen Höchstpreise. Irgendetwas stimmt dabei nicht.

Als Gegensatz zu dieser Tendenz boomt die Art Brut. Denn diese Künstler fertigen ihre Arbeiten selbst an, ohne Gehilfen und Mitarbeiter, lassen sich in ihrem Stil nicht beeinflussen, orientieren sich auch nicht nach marktschreierischen Verkaufsstrategien, sondern schaffen ihre Kunst aus einem inneren Drang.

Art Brut nimmt auch im Kunsthandel eine Außenseiterrolle ein. Jeder andere Künstler wird nur gewertet, ob er IN ist oder eher unbekannt. Normalerweise wird nur danach gefragt: Bei wem hat er oder sie studiert, welche Ausstellungen haben stattgefunden und welche Galerie vertritt ihn oder sie?

Zum Teil trifft dies auch auf die Künstler der Außenseiterkunst zu, auch hier werden die Ausstellungen in Museen und Galerien gewertet, allerdings fällt das Lobbying bezüglich der Kunstakademien weg, insbesondere jedoch, dass Art-Brut-Künstler nicht manipuliert, nicht beeinflusst werden können. Werbung, Kataloge und Ausstellungen tragen sicherlich zur Erhöhung des Interesses und zur Steigerung des Marktpreises bei.

Es gibt nur wenige Sammler, die sich ausschließlich auf die Art Brut konzentrieren. Stets waren es die Künstler, die etwas bewirkt haben, neue Einflüsse umgesetzt haben.

Arnulf Rainer und Jean Dubuffet haben sich, ebenso wie viele andere Künstler, immer wieder Kraft bei den Außenseiter-Künstlern geholt und diese folgerichtig auch gesammelt.

Es war eine Handvoll Ärzte, Künstler und später auch Galeristen und Museen, die begonnen haben, sich mit Werken der Außenseiterkunst zu beschäftigen, mittlerweile hat sich dies grundlegend geändert, so manche neue Galerie trachtet danach, ihr Image durch Ausstellungen von Outsider Art aufzubessern. Wie viel Vermarktung sich dieser Geschäftszweig und wie viel sich die Kunst leisten kann, wird man sehen."

Martin Schenk

Art Brut rückt den Rand in die Mitte. Menschen, die bisher bloß als „defizitär" wahrgenommen wurden, erfahren Wertschätzung in ihren Möglichkeiten und Ressourcen. Gefahren bestehen darin, den Rand nur anzuerkennen, wenn er „Außergewöhnliches" leistet (Normalität darf nicht sein) und die Abhängigkeit von denen, die „betreuen" und „wertschätzen" (Betroffene werden wieder zu bloßen Objekten des Blicks der anderen).

Bei der Frage nach dem guten Leben geht es nicht nur um die Verteilung von Geld, sondern auch um die Frage von Lebensqualität, Wohlbefinden, Chancen, Anerkennung, Gesundheit oder Lebenserwartung. Das Fehlen einer Komponente kann nicht durch ein „Mehr" einer anderen Komponente wettgemacht werden.

Zum guten Leben gehören auch die Fähigkeiten, Gefühle auszudrücken und zu empfinden, in der Lage zu sein, gute Beziehungen zu pflegen, den eigenen Lebenskontext mitgestalten zu können, Möglichkeiten und Anlässe zum Lachen, Spielen und zum Entspannen zu haben. Entscheidend dabei ist sowohl die Frage, wie viele Ressourcen zur Verfügung stehen als auch die Frage, was Menschen tun und sein können. Es geht darum, was Menschen haben, und immer auch, was sie tun und sein können.

„Armut bedeutet, deine Würde zu verlieren. Armut, das heißt, dass alle, deine Familie und die Gesellschaft, sich von dir abwenden." (Video, 3. Europäisches Treffen von Menschen mit Armutserfahrungen). Scham ist die große Begleiterin von Armut. Psychologisch liegt Scham vor, wenn das eigene Ansehen bedroht ist. Beschämung hält Menschen klein und rechtfertigt die Bloßstellung und Demütigung als von den Beschämten selbst verschuldet. Beschämung ist entsolidarisierend und spaltet die Betroffenen. Sie wendet den Kampf gegen die Armut zu einem Kampf gegen die Armen. Sie steht wirksamen Zusammenschlüssen entgegen. Sie ist eine gerissene Form Armutsbetroffene „wehrlos" zu halten, ihnen Rechte vorzuenthalten.

Darüber hinaus stehen bewährte Methoden der Identitätspolitik, wie sie von anderen diskriminierten Gruppen mit Erfolg angewandt wurden und werden, Menschen mit Armutserfahrungen nicht auf gleiche Weise zur Verfügung. Wenn Armutsbetroffene sichtbar werden, geht es nicht nur um die Rückeroberung und positive Transformation einer abgewerteten Identität, sondern immer auch um die Überwindung jenes Zustands, der für dieselbe Identitätsbeschreibung ausschlaggebend ist. Das Sichtbar und Spürbar Machen der eigenen Identität ist deshalb schwierig.

Dementsprechend werden Menschen mit Armutserfahrungen von jenen, die nicht in Armut leben zu „anderen" gemacht. Wer der Perspektive, die andere bestimmen, ausgeliefert ist, ist fremd. Der Blickwinkel entscheidet. Wer bleibt unsichtbar, wer bekommt die Deutungsmacht? Medien zum Beispiel erzählen Geschichten über Menschen am Rand. Was mit der Kamera gesehen wird, muss dabei eine narrative Figur bekommen, um Möglichkeiten der Anknüpfung zu bieten. Es ist nicht das Ereignis selbst, das Nachrichtenwert hat, sondern es ist die Geschichte, die sich damit erzählen lässt.

Wer das Wort ergreift, hat etwas zu erzählen. Wer jemand ist oder war, können wir nur erfahren, wenn wir die Geschichte hören, deren HeldIn er oder sie ist. Das Wort zu ergreifen, heißt nicht Fürsprechen, sondern selbst sprechen. Wenn Ausgeschlossene die eigene Lebenswelt in die Sichtbarkeit tauchen, schaffen sie einen Ort, von dem aus sie sprechen können. Der Vorhang öffnet sich zu einer Bühne, auf der die eigene Geschichte eine eigene Deutung und zugleich Bedeutung – erfährt. Das Unspektakuläre des eigenen Lebens bekommt eine Bühne und wird besonders. Die das Wort ergreifen, können zur Sprache bringen, wer sie sind – und wer sie sein können. Auf diese und ähnliche Weisen entstehen Orte, von denen Ausgeschlossene zu sprechen und zu handeln beginnen.

Solidarität wurde ursprünglich als direkte Alternative zur Wohltätigkeit entwickelt und von „den Schwachen" unter einander gegen „die Starken" praktiziert. Solidarität bedeutet immer auch Misstrauen gegenüber Wohltätern von oben und außen.

„Tue nie etwas für Menschen, das sie selbst tun können." Es darf hinzugefügt werden: „Tue alles dafür, dass die Menschen können, was sie tun wollen."

Arno Böhler

Arno Böhler denkt Kunst und Art Brut von der Philosophie her an. Für ihn ist Philosophie auch historisch nicht nur Wissenschaft. In seinem Verständnis kommen wir dann in philosophisches Denken, wenn wir eine bestimmte Hemmschwelle oder Grenze des üblichen Denkens überschreiten. Wir beginnen zu philosophieren, wenn wir an eine Art Widerstand oder eine Störung kommen. Das heißt, Philosophieren beginnt mit einer Art Tabu-Bruch.

Wenn es in Kunst und Philosophie ganz normal ist, unerhörte Erfahrungen zu machen und abwegige Gedanken zu produzieren, dann verliert das Ungewöhnliche seinen pathologischen Charakter. In diesem Sinne sind beide Gebiete zutiefst verwandt mit dem, was Art Brut ausmacht: Sie generieren ungewohnte Zugänge zu verdeckten Formen der Realität. Wenn wir uns die antike Bedeutung des Wortes Phantasma in Erinnerung rufen, dann hat es ursprünglich wenig mit dem Wort Phantasie gemein.

Für Aristoteles sind Phantasmen Vorstellungen, die durch Sinneseindrücke von außen in mir produziert werden. Durch sie haben wir überhaupt erst einen Zugang zur Außenwelt, also zur „Realität". Der Ort von Phantasmen ist ursprünglich also gar nicht die Seele, sondern die Welt. Sie ist es, die sich in der Seele abbildet, indem sie sich in diese sinnlich ein-drückt. Die antike

Abbildtheorie hatte also den großen Vorteil, dass sie die Bilder der Seele nicht auf die Innerlichkeit des Subjekts reduzierte, sondern als Abbildungen einer das Subjekt beeindruckenden realen Außenwelt dachte. Phantasmen statten ein Subjekt daher erst mit einem Sinn fürs REALE (im Sinne von Lacan) aus.

Erst in der Neuzeit, in der die Bilder der Seele ins Innere des Subjekts verlagert wurden, nimmt das alte griechische Wort Phantasma den Sinn von bloß subjektiven Phantasien, Bildern, Vorstellungen, Illusionen, wenn nicht sogar Halluzinationen an. Wenn ich darauf insistieren möchte, dass die „Phantasien" von Künstlern, Philosophen und anderen Narren keine bloßen Phantasien, sondern Konstruktionen ungewohnter Realitäten sind, dann müssen wir noch einen zweiten Zug berücksichtigen, den alle Kunst und Philosophie mit Art Brut teilt.

Für gewöhnlich haben wir heutzutage ein Bild vom menschlichen Subjekt, das davon ausgeht, dass ein Mensch über die Bilder, die sich ihm in seiner Seele zeigen, selbst grenzenlos verfügen kann. Wir tun so, als ob der Mensch die Bilder, die er innerlich vernimmt, selbst (willentlich) erzeugt hätte. Die neuzeitliche Bestimmung des Menschen als denkendes Subjekt bei Descartes geht genau von dieser falschen, fiktiven Annahme aus. Das „Ich-denke" erfährt sich selbst als Kreatur der Gedanken, die es sich selbst vorstellt, während es sie denkt. Der Großteil der Bilder und Gedanken, die wir in unserer Seele vorfinden, tauchen jedoch ungefragt in uns auf. Nicht wir sind es selbst, die ihr Kommen und Gehen kontrollieren, sondern sie sind es, die uns unweigerlich heimsuchen, und zwar oft zur Unzeit und wider unseren Willen. Sie zeigen sich in uns selbst, ohne von mir selbst willentlich produziert worden zu sein. Der Grund der Bilder scheint folglich eine Form von Art Brut zu sein – "eine verborgene Kunst in den Tiefen der menschlichen Seele, deren wahre Handgriffe wir der Natur schwerlich jemals abraten, und so unverdeckt vor Augen legen werden" (Kant, KrV B180/A141). Handelt es sich bei der Kraft, die Bilder in uns produziert, doch offenkundig um eine vorbewusste Tätigkeit, die eher in uns abläuft, als dass wir sie selbst tätigen würden.

Wovon uns Art-Brut befreien kann, ist folglich die Fiktion eines autonomen Subjekts, das vorgibt, der alleinige Grund seiner selbst zu sein. Eine Mythe, die gerade heutzutage massenhaft geglaubt wird, seit sich der Mensch auf den Weg gemacht hat, sich selbst allein aus sich selbst heraus neu erschaffen zu wollen. Oder, anders gewendet. Wer immer sich auf den Grund der Bilder begibt begegnet seiner eigenen Art-Brut.

Highlights aus der Diskussion mit den TeilnehmerInnen

In der Diskussion wurde eine große Bandbreite an Themen in Zusammenhang mit der Workshop-Frage angesprochen. Diese reichten von „Was ist Kunst?",

„Wer entscheidet nach welchen Kriterien was Art Brut ist?", „Wie und von wem werden Art Brut KünstlerInnen entdeckt?", „Handelt es sich bei Art Brut um einen künstlich verknappten Markt?" bis zu „Wem gehört ein Art Brut Bild?"

Die an dem Workshop teilnehmende Kunsthistorikern Elisabeth Telsnig erzählte, wie sie zufällig auf die Arbeiten von Josef Hofer aufmerksam geworden ist. Der geistig und körperlich behinderte Art Brut Künstler lebt und arbeitet in der Lebenshilfe Oberösterreich in Ried. „Diese Bilder gehören uns nicht, wir verwalten sie treuhändisch", fasst Elisabeth Telsnig ihre Haltung gegenüber den Arbeiten zusammen, wobei für sie immer die Frage „Was ist das Beste für Pepi Hofer?" im Mittelpunkt steht.

In ihrem Selbstverständnis ist sie eine Mentorin des Künstlers, dessen Arbeiten anfänglich weggeschmissen wurden bis sie anfing diese „zu sammeln". Dieses Beispiel ist insofern eindrucksvoll, weil es belegt, wie selten ein hochtalentierter und mittlerweile weltweit anerkannter Art Brut Künstler im Kontext einer „maltherapeutischen Gruppe" gefunden werden kann. Generell sind maltherapeutische Aktivitäten begrüßenswert, haben allerdings zu Art Brut nur in Ausnahmefällen einen Bezug.

Natürlich war Leo Navratil bei seinen anfänglichen Kunstauktionen nach Meinung der Workshop-TeilnehmerInnen über jeden Verdacht erhaben, nicht im Interesse der Gugginger Künstler zu handeln.

Die Diskussion thematisierte auch andere Betreuungs-Settings jenseits von Institutionen im Sinne von Gemeinwesen-orientieren Formen. Selbstverständlich geht es bei Art Brut immer nur um Kunst. Der Fokus ist auf die Qualität des künstlerischen Ausdrucks gerichtet und eben nicht auf den sozialen Status oder den psychischen, körperlichen, geistigen Zustand der KünstlerInnen. Übereinstimmend wurde festgehalten, dass die spezifische Aufmerksamkeit, die Art Brut KünstlerInnen benötigen, um entdeckt und unterstützt zu werden, leichter in Institutionen erfolgt als außerhalb.

Martin Schenk erwähnte kritisch, dass das Besondere am Rand (in diesem Fall Art Brut) als Form der Inklusion gleichzeitig eine andere Exklusion fördert und zwar den „Nicht-Besonderen" Rand.

Für Arno Böhler ist die Frage "Wem gehört so ein Bild?" eine der Hauptfragen von Kunst und Art Brut im Besonderen. Art Brut hat für ihn einen symbolischen Charakter dafür, was gesellschaftlich derzeit passiert. Aus seiner Sicht müsste hier dekonstruiert werden, dass es sich offensichtlich um eine Art „subjektlose Kunst" handelt. Wer ist hier das Subjekt, ist zu hinterfragen, wenn es sich bei Quellen der Art Brut unter anderen um Medien/Spiritismus, Aufforderungen von Psychiatern (das Beispiel Leo Navratil und Oswald Tschirtner) oder andere nicht benennbare Inspirationen handelt.

Die bürgerliche Reaktion besteht ja darin, dass „schwache" Subjekte, die ein Bild gemacht haben, andere Subjekte benötigen (z.B. Sachwalter), die für sie entscheiden. Die Lösung für den Art Brut Künstler bestünde darin, dass der Kaufpreis wieder an ihn zurückgeführt wird. Mit Art Brut taucht an sichtbarer Stelle in unserer Gesellschaft die allgemein relevante Frage auf, wem gehört was? Das Funktionieren des zuordenbaren Copyrights funktioniert nicht mehr. Hier sieht Böhler Parallelitäten zu der Piraten-Partei. Dieselben Fragen stellen sich: Wer ist das Subjekt, wem gehört das Geld, wo wird das Geld zurückgeführt? Insbesondere durch die neuen Medien und die leichten Vervielfältigungsapparaturen, über die wir heute verfügen, haben diese Fragen eine besondere gesellschaftliche Aktualität und Relevanz. Über die Archivierungsmöglichkeiten (z.B. You Tube) können wir heute zitieren wie früher nur aus Büchern. „Jeder Satz, den wir hier sagen, ist ja schon lange Schrift geworden durch die Möglichkeiten des Internets."

EINE ANLEITUNG ZUR WELTVERBESSERUNG

Clemens Sedmark

Mein Bruder hatte seinerzeit in seinem Büro ein Plakat: „Wie man eine Revolution plant". Wenn ich mich recht erinnere (und wenn es nicht stimmt, ist es schön erfunden), lauteten die ersten Punkte: „Vergiss deine Feinde" (gemeint ist wohl: Handle nicht aus Frustration und Verbitterung, handle nicht aus Neid) und: „Fang irgendwo an". In diesem Sinne ist das Sozialfestival: „Tu was, dann tut sich was." als Revolution der Menschlichkeit gedacht.
Der erste Arbeitstitel für das Festival hieß: „Region gelebter Menschlichkeit". Unter „Menschlichkeit" verstehen wir alltagssprachlich die Fähigkeit und Bereitschaft, den besonderen Menschen zu sehen und diesen Blick nicht dem Paragraphen oder der sozialen Härte zu opfern. Es ist menschlich, wenn man die besonderen Umstände eines besonderen Menschen berücksichtigt. Es fördert Zufriedenheit und Selbstbewusstsein, wenn man in einer Region von Menschlichkeit lebt.

Hinter dem Sozialfestival steht eine bestimmte „Philosophie", eine bestimmte Auffassung vom guten Miteinander. Ich habe meinen Auslandszivildienst in Bhutan geleistet; Bhutan ist jener kleine Staat im Himalaya, der den Begriff „Gross National Happiness" („Bruttonationalglück") geprägt hat. Dieser Begriff entstand, als ein amerikanischer Journalist den damaligen König fragte, ob er sich denn nicht schäme, das ärmste Land der Welt zu regieren. Der König, in die Enge getrieben, antwortete, ohne lange zu überlegen: Das Streben nach Bruttonationalglück ist wichtiger als das Bruttonationalprodukt! Dies entspricht einer tiefen Einsicht, die etwa Robert Kennedy bei einer Ansprache am 18. März 1968 an der Universität von Kansas äußerte: „Das Bruttonationalprodukt misst nicht die Schönheit unserer Dichtung oder die Stärke unserer Ehen, die Qualität unserer öffentlichen Debatten oder die Integrität unserer Amtsinhaber. Es misst nicht unseren Witz und unseren Mut, auch nicht unsere Weisheit oder das, was wir gelernt haben, weder unser Mitgefühl noch die Liebe zu unserem Land. Kurz, es misst alles außer das, was das Leben lebenswert macht." Das sind kluge Worte.

In Bhutan hat sich herausgestellt, dass es vor allem Folgendes ist, was Menschen mit Glück erfüllt: die Schönheit der Natur, das Verfügen über nicht unter Druck gesetzte Zeit und die Aufmerksamkeit gegenüber dem und der Nächsten. Und dieses Glück wird von einer Gemeinschaft für eine Gemeinschaft erzeugt und ist nicht eine je individuelle Angelegenheit, die vielleicht gar so funktionieren würde: Je unglücklicher der andere ist, desto besser geht es mir. Die Qualität meines Lebens hängt mit der Qualität deines Lebens zusammen, und es ist eine gemeinschaftliche Herausforderung und Aufgabe, Lebensqualität herzustellen.

Einschlägige Forschungen haben gezeigt, dass die Zufriedenheit am Arbeitsplatz wesentlich vom Arbeitsklima abhängt, dass die Widerstandskraft (also die Fähigkeit, auch in schwierigen Situationen nicht den Mut zu verlieren) ganz entscheidend mit dem „sozialen Sinn" verbunden ist, dass eine glückliche Kindheit vor allem auch mit dem Erfahren von Freundschaften in Zusammenhang gebracht wird.

Das gute Miteinander ist entscheidend für ein gutes Leben; dazu braucht es Vertrauen und Rücksicht auf andere. Vertrauen und Rücksicht sind nicht Fragen des Geldes, aber Misstrauen und Rücksichtslosigkeit können ungeheuer kostspielig sein. Das Sozialfestival „Tu was, dann tut sich was." sollte an diesen „intangiblen Infrastrukturen" unseres Zusammenlebens arbeiten und damit an einer Kultur von Vertrauen und sozialem Sinn.

Das Sozialfestival will neben dem guten Miteinander auch eine bestimmte Auffassung von guter Lebensgestaltung umsetzen: Wir Menschen wollen unser Leben in die Hand nehmen (wir spielen nicht alle in unserem Leben eine Rolle, ähnlich dem Leben, das in der so wunderbaren österreichischen Fernsehserie „MA 2412" gezeigt wurde); wir wollen gestalten und wir wollen handeln. Das hat auch viel mit Selbstachtung zu tun, die ja eines der wichtigsten moralischen Güter ist. Wenn Menschen walten und wirken können, erfüllt sie dies mit einem Sinn für „Selbstwirksamkeit". Selbstwirksamkeit ist die Überzeugung und die Erfahrung, dass wir die Welt durch unser eigenes Tun und Handeln gestalten und verändern können. Eine Stärkung der Selbstwirksamkeit fördert Selbstbewusstsein, fördert Zufriedenheit, wirkt Resignation und frustrierenden Ohnmachtsgefühlen entgegen. Durch die Selbstwirksamkeit steigt die Lebensfreude, steigt die Fähigkeit, „ja" zum Leben zu sagen, weil wir aus dem Gefühl heraus leben können, Welt gestalten zu können und nicht übermächtigen Umständen ausgesetzt zu sein. Der Glaube an die Fruchtbarkeit des eigenen Tuns ist auch ein wichtiger „burn out"-Präventionsfaktor. Menschen, die überzeugt sind, dass ihr Handeln einen Unterschied macht, sind weniger gefährdet zynisch zu werden. Diese Ideen drückt das schlichte Wort „Tu was, dann tut sich was" aus. Tu was! Werde aktiv, nimm die Dinge in die Hand, setze den ersten Schritt! Und du wirst sehen: Es wird eine Veränderung bewirken, es wird Frucht bringen, es wird zum nächsten Tun führen. Eben das meint die Idee der Selbstwirksamkeit.

Besonders wichtig war uns das Anliegen, dass es sich bei diesem Sozialfestival um die Sammlung von Ideen und Projekten zur Weltverbesserung handelt, die von den Menschen aus der Region und in der Region entwickelt werden. Der englische Entwicklungsexperte Robert Chambers beklagte sich bereits in den 1980er Jahren darüber, dass Entwicklungszusammenarbeit vielfach so funktioniere, dass hoch bezahlte urbane Expertinnen und Experten für ein paar Wochen in ein Land fahren, um dort den Menschen zu erklären, was sie machen und wie sie leben sollen. Dabei verfügen die Menschen in einer bestimmten Region doch über eigenes, lokales Wissen, das sie und nur sie haben! Sie haben vieles ausprobiert und sind die ersten Expertinnen und Experten für das gute Leben in einer Region. Man kann diesen Gedanken mit unserer Alltagssprache vergleichen: Wir verfügen über Begriffe, die sich im Laufe der Zeit herausgebildet und bewährt haben und deswegen (um ein Wort von John Austin zu bemühen) in der Regel mehr taugen als jene Begriffe, die wir uns im Armstuhl sitzend ausdenken können. Ähnlich verhält es sich mit lokalen Lebensstrategien. Natürlich können Impulse von außen hilfreich sein; aber die ersten Ansprechpersonen und Anlaufstellen für „gutes Leben in einer Region" sind die Menschen. So wurde das Sozialfestival als „bottom up"-Initiative geplant, die Ideen von den Menschen – gerade auch: von „unüblichen Verdächtigen" – ermuntern wollte.

Ein Hintergrund des Sozialfestivals war schließlich auch die Idee von Armut und Armutsbekämpfung. Das Jahr 2010 wurde in der Europäischen Union unter das Thema „Bekämpfung von Armut und sozialer Ausgrenzung" gestellt. In diesem Jahr konnten einige österreischiche Privatstiftungen überzeugt werden, das Sozialfestival zu ermöglichen. Dabei ist uns bewusst, dass Armut viele Gesichter hat, immer auch mit Formen von Benachteiligung zu tun hat und im Grunde all das beinhaltet, was gutes Leben erschwert oder gar unmöglich macht. Gute Formen der Überwindung von sozialer Ausgrenzung können nicht isoliert entwickelt werden – hier bedarf es stets des Blicks auf die ganze Gesellschaft. Das wollten wir leisten. Gewissermaßen: „Geht es uns allen gut, geht es auch der Wirtschaft gut". Dabei sind wir das Anliegen der Armutsbekämpfung mit drei Grundsätzen angegangen: 1. Armutsbekämpfung braucht Kreativität, braucht neue Ideen, braucht Erfindungsgeist, braucht den Mut, die nicht ausgetrampelten Pfade zu gehen. 2. Kreativität braucht Gelegenheiten (also Einladungen, Aufrufe, Vorbilder, Beispiele). 3. Gelegenheiten brauchen einen Rahmen. Diesen Rahmen haben die Privatstiftungen bereitgestellt, die das Sozialfestival „Tu was, dann tut sich was." ermöglicht haben.

Ein Letztes: „Tu was, dann tut sich was." ist mehr eine Frage des Geistes als des Geldes. Es geht nicht in erster Linie um Geld. Es geht schon gar nicht um viel Geld. Kreativität hat auch mit Kleinigkeiten und einem Blick für Details zu tun. Der amerikanische Aktivist Jay Walljasper gibt eine Reihe von Beispielen für seine Philosophie des „changing the world one block at a time", mit der er anregt, die Welt so zu verbessern, dass man mit einer bestimmten Häuserzeile oder Straße anfängt. In Mississauga, einem Vorort von Toronto, stellte ein Mann names David Marucci eines Tages eine Bank vor sein Haus (nicht hinter das Haus, wo sich der nicht einsehbare Garten befindet!). Die Menschen waren erstaunt – was machst du da? Antwort: „Diese Bank ist für uns alle"; ältere Bürgerinnen und Bürger benutzten die Bank als Rastplatz bei Einkäufen, Schulkinder warteten auf den Bus, eine Nachbarin kam für ein Schwätzchen vorbei, kurz: die Nachbarschaft veränderte sich. Durch eine Bank!

A propos: Haben Sie schon von den „Rollstuhlgerechten Picknicktischen" im Lungau gehört?

Aus:
Elisabeth Kapferer, Andreas Koch, Nina Kühn, Clemens Sedmak (Hg.): Sozialatlas Lungau. Ideen und Projekte für ein besseres Zusammenleben. Wien: Mandelbaum Verlag 2012. p 6-7.

ART BRUT FORUM GLOBART

Sammlung Eduard Angeli – Art Brut aus Istanbul

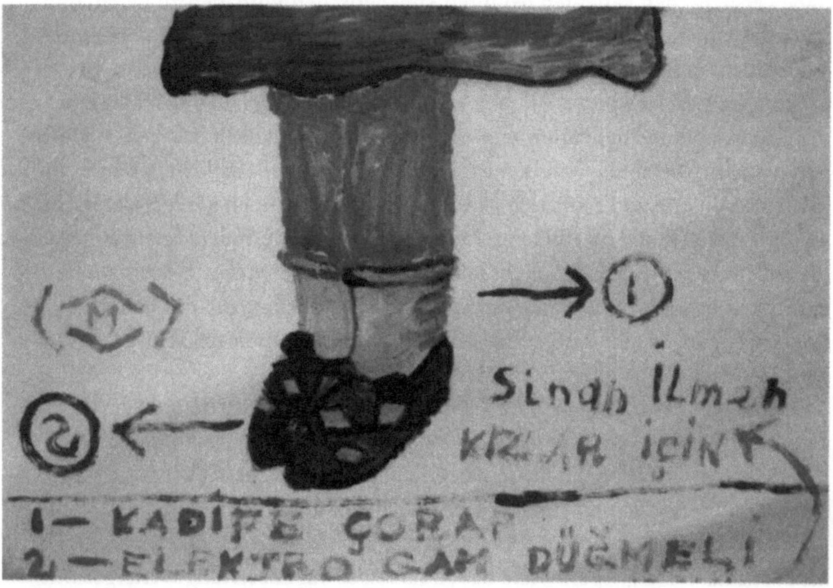

Sinan Ilmen, © Eduard Angeli

Das Art Brut Forum GLOBArt zeigte nach Ausstellungen von KünstlerInnen unterschiedlicher Einrichtungen (Caritas, Diakonie, Art/Brut Center Gugging) sowie Sammlungen (Hannah Rieger, Otto Mauer, Peter Infeld) im Rahmen der 15. GLOBArt ACADEMY im Schauraum 35nullnull in Krems erstmals die -Sammlung des renommierten zeitgenössischen Künstlers Eduard Angeli: „Sammlung Eduard Angeli – Art Brut aus Istanbul“. Hannah Rieger hielt den Eröffnungsvortrag „VER-RÜCKTE STANDPUNKTE“ (http://academy12.globart.at/GlobArt_Academy_2012/Kunst_Specials_files/Globart_Artbrut_Rede.pdf).

Eduard Angeli fasst zusammen, wie es zu dieser Sammlung gekommen ist:
„Durch meinen besten und engsten Malerfreund, Walter Navatril, der leider zu früh verstorben ist, habe ich seinen berühmten Vater, Leo Navratil, in Gugging kennengelernt. Walter ist in der Klinik aufgewachsen. Beide, sowohl der Vater als auch der Sohn, haben mir diese Welt nahegebracht. Ich war zu dieser Zeit fasziniert von dieser Intensität des künstlerischen Ausdrucks, dieser – damals hat man gesagt „zustandsgebundenen“ – Kunst. Als ich dann 1965 nach Istanbul gegangen bin, wollte ich diese Welt nicht mehr missen und bin frech in das psychiatrische

Krankenhaus von Bakirköy gegangen. Ich habe dessen Leiter gefragt, ob ich mit den Patienten arbeiten kann. Die waren hellauf begeistert.

So bin ich zwei Mal die Woche in der psychiatrischen Klinik gewesen. Ich habe versucht, den Patienten bei ihren künstlerischen Vorhaben zu helfen und hatte das Glück, dadurch in die Depots zu kommen, wo eigentlich unbemerkt – oder nicht geschätzt – die Arbeiten der Patienten aufbewahrt wurden. In einer großzügigen Weise konnte ich dort erwerben, was mir gefallen hat. Das war der Grundstock meiner Sammlung, die viele, viele Jahre nicht bearbeitet wurde und nie zum Vorschein kommen ist. Erst jetzt habe ich beschlossen, sie zusammenzufassen und zu zeigen. Ich glaube, dass Sie doch einen großen Unterschied zeigt – einfach durch den anderen Kulturkreis, durch die andere Bildung, durch die andere Lebensform, die zu dieser Zeit in der Türkei in den 1960er Jahren geherrscht hat. Die Sammlung umfasst rund 100 Arbeiten, die meisten davon sind auf Papier. Es gibt auch einige wunderschöne Arbeiten auf Leinwand, was zu dieser Zeit relativ ungewöhnlich war.

Heute werden in Gugging die Künstler schon dazu gebracht, auf Leinwand zu arbeiten, damals war das ganz ungewöhnlich. Zu dieser Zeit hat mich diese Kunst auch sehr stark beeinflusst. Auch ich habe damals heftig gemalt. Es hat mich auch die Volkskunst interessiert, die Kinderkunst – und eben die Kunst der Patienten. Das war Zeitgeist. Alle von uns waren davon beeinflusst, von Ringel bis Pongratz, Herzig, Sperl. Viele davon haben es ein Leben lang weitergeführt, das war eine ganz wichtige Zeit für uns. Dass ich später, nach meiner Rückkehr aus der Türkei, damit gebrochen habe, ist eine andere Geschichte."

JOHN CAGE ODER KUNST ALS EINFÜHRUNG IN DAS LEBEN. EINE PORTRAITSKIZZE.

Walter Dobner

Nichts habe er zu sagen, und er sage es auch, umriss John Cage seine musikalische Philosophie. Man mag es Untertreibung nennen oder den Kern seines Denkens darin erkennen. Denn wie formulierte er auch: „Ich bin dafür, die Dinge im Geheimnisvollen zu belassen und ich habe nie Vergnügen daran gefunden etwas zu verstehen. Wenn ich etwas verstehe, kann ich nichts mehr damit anfangen. Deshalb versuche ich, Musik zu machen, die ich nicht verstehe und die auch für andere Menschen schwer zu verstehen ist."

Bei Cage heißt es umdenken, gewohnte Pfade verlassen, traditionelle Kategorien über Bord werfen, gewohnte Grenzen überschreiten. So wie er es selbst gemacht hat. Am 5. September 1912 als Sohn eines Ingenieurs geboren, lernt er vorerst das Klavierspiel, studiert ab 1928 Literatur, geht 1930 nach Europa, um sich der Malerei und Komposition zu widmen. In der Folge vervollkommnet er seine musikalischen Kenntnisse bei Richard Bühlig, dem Schönberg-Schüler Adolph Weiss, bei Henry Cowell, schließlich bei Schönberg selbst. In diese Zeit fällt auch seine Eheschließung mit der Buchhändlerin Xenia Andrejevna Kashevaroff.

Insgesamt waren es nur zwei Jahre, die Cage bei Schönberg studierte. Sie sollten sich für seine weitere Entwicklung als entscheidend erweisen. Während dieser Zeit wurde ihm „immer klarer – und ihm auch –, dass für ihn die Harmonielehre etwas grundsätzlich sehr Wichtiges war, für mich dagegen nicht." Cage beginnt sich für Schlagzeugmusik zu interessieren, schreibt seine erste elektroakustische Musik, die erste Werke für präpariertes Klavier, lernt seine künftigen Lebensmenschen, den Tänzer Merce Cunningham, kennen.

Nach Lehrtätigkeiten in Seattle/Washington und Chicago wird New York zu seinem Lebensmittelpunkt. Eine Mitte der 1940iger Jahre ausbrechende Ehekrise, die schließlich zur Trennung von seiner Frau führt, ist für Cage Anlass, sich mit fernöstlicher Philosophie zu beschäftigen: „Zen zu praktizieren, heißt, an die Dinge realistisch und humorvoll heranzugehen". Auch das ein Satz, den man sich bei Cages Kompositionen immer wieder vor Augen halten sollte.

Das chinesische Orakelbuch I Ging inspiriert ihn, mit dem Zufall zu experimentieren. Erst findet er seine Klänge durch das Werfen von Münzen, später nutzt er dazu die Unebenheiten im Papier, Atlanten oder Sternkarten. Inspirierend auch seine Bekanntschaft mit Max Ernst, Marcel Duchamp, Vertretern des abstrakten Expressionismus und die Zusammenarbeit mit Robert Rauschenberg, die zu seinem wohl populärsten Werk führt, „4.33", ein dreisätziges, ganz auf das Schweigen konzentriertes Stück. „Wenn Sie die Wahrheit wissen wollen: Die Musik, die mir am liebsten ist, und die ich selbst meiner eigenen oder der irgendeines anderen vorziehe, ist einfach das, was wir hören, wenn wir ruhig sind. Damit kommen wir zu meinem stillen Stück zurück. Ich ziehe es tatsächlich allem anderen vor, aber ich betrachte es nicht als ‚mein Stück'", kommentierte er im Rückblick dieses 1952 entstandene Opus. In dieses Denken passt auch seine Feststellung: „Klänge sind nur Schaumblasen auf der Oberfläche der Stille. Sie platzen und sind nicht mehr."

Cage, während dieser Jahre Musikalischer Direktor der Merce Cunningham Dance Company und Dozent an der renommierten New Yorker School for Social Research, zählt auch zu den Protagonisten der musikalischen Happenings. Ende der 1950iger Jahre schockiert und fasziniert er mit seiner Kompositionsmethode bei den Darmstädter Ferienkursen, arbeitet über Einladung seines italienischen Komponistenkollegen Luciano Berio im elektronischen Studio in Mailand, entdeckt Erik Satie für sich und hat alles andere als Erfolg mit seinem für die New Yorker Philharmoniker komponierten und von ihnen auch uraufgeführtem Stück „Atlas Ecliptalis". Die große gesellschaftliche Bühne taugt eben nicht zum Experimentierfeld ist die Lehre, die er daraus zieht.

Er beschäftigt sich intensiv mit James Joyce, schreibt einen Joyce-Roman und das Hörspiel „James Joyce, Marcel Duchamp, Erik Satie: Ein Alphabet". Für „Roaratorio. An Irish Circle on ‚Finnegan`s Wake'" erhält er 1979 den Karl-Scuka-Hörspielpreis des Südwestfunks. Seine Gedanken, die weit über die Auseinandersetzung mit seinen Kompositionen hinausreichen, publiziert er in mehreren Büchern, eindrucksvoll auch sein bildnerisches Œuvre.

Cage, der konstatierte: „Früher war man gewohnt, Kunst als etwas zu begreifen, das besser organisiert war als das Leben, etwas, wohin man sich vor dem Leben flüchten konnte. Der Wandel, der in diesem Jahrhundert stattgefunden hat, ist jedoch derart, dass Kunst keine Flucht, sondern eher eine Einführung in das Leben bedeutet", war ebenso ein passionierter Raucher, Schachspieler, Pilzesammler und Koch. Verstorben ist dieser wegweisende Wegbereiter der musikalischen Moderne am 12. August 1992 in New York inmitten der weltweiten Vorbereitungen für die Feiern zu seinem 80. Geburtstag an den Folgen eines Schlaganfalls.

„ES ÖFFNET DIE SINNE, ES ÖFFNET DIE OHREN"

Markus Hinterhäuser im Gespräch mit Walter Dobner über John Cage und dessen Sonatas and Interludes für präpariertes Klavier.

Walter Dobner: Herr Hinterhäuser, Musiker, Philosoph, Experimentator, Innovator, das alles kann man über Cage lesen. Was ist er für Sie?

Markus Hinterhäuser: Das ist tatsächlich schwer. Ich würde gerne sprechen von seiner Weite, seiner Offenheit im Denken, nicht nur in seinen Kompositionen, Schriften oder seinen malerischen und grafischen Arbeiten. Es ist ein Denken, das allumfassend ist und immer mit einer großen Zuneigung zu tun hat – zur Welt, zu den Menschen, zu dem, was uns ausmacht. Diese Offenheit hat auch viel mit Freiheit zu tun. Es ist ein großes Plädoyer für individuelle Freiheit. Insoweit ist es auch ein Lebens- und Weltentwurf. Das kommt immer leicht daher, er will damit nie ideologisch überwältigen. Eine gedankliche Weltberührung, die so tief ist und so weitreichend in ihren Konsequenzen, die mich fast noch mehr interessiert als der Komponist Cage. Es mag Komponisten geben, die interessanter geschrieben haben als Cage, aber niemand kommt an seine wundervolle Freiheit heran.

Walter Dobner: Auf dem Programm Ihres Konzerts stehen die Sonatas and Interludes, Stücke, die Ende der 1940iger Jahre entstanden sind und zu jenen Werken gehören, die John Cage für ein präpariertes Klavier geschrieben hat. Was bedeutet das für den Interpreten, der hier auch über handwerkliche Fähigkeiten verfügen muss?

Markus Hinterhäuser: Cage hat schon davor vieles für präpariertes Klavier geschrieben, diese Sonatas and Interludes aber sind das mit Abstand gefassteste, anspruchsvollste, großdimensionierteste Werk für präpariertes Klavier. Danach kam noch das eine oder andere, aber im Grunde war es abgeschlossen. Der Vater von Cage war ein berühmter Erfinder, und Cage ist hier auch ein Erfinder. Nicht, dass er es hier zum ersten Mal ausprobiert hätte, dass man Gegenstände auf oder in die Saiten legt. Das hat sein Lehrer Henry Cowell schon gemacht, aber es ist die Konsequenz, mit der Cage hier vorgegangen ist. Ein so groß angelegtes Werk für dieses präparierte Klavier zu schreiben hat schon auch mit dem Talent zum Erfinden zu tun.

Walter Dobner: Wie soll man sich ein solches präpariertes Klavier vorstellen?

Markus Hinterhäuser: Es gibt eine Präparierungstabelle, auf ihr finden sich sehr minuziöse Anweisungen, wo welche Gegenstände zwischen die Saiten getan werden. Es gibt Schrauben, Radiergummis, Bolzen, Plastik- und Gummistücke. Die Angaben sind bis auf 1/10 Inches genau. Damit aber beginnt die Frage: Was heißt das eigentlich? Und niemand kann mir darauf Antwort geben. Auf welchem Klavier hat Cage das experimentiert, welche Größe hatte der Flügel, welche Materialen hat er verwendet? Wenn man sagt Gummi – seine Angabe ist rubber – dann gibt es weiches oder hartes Gummi, was zu völlig anderen Klangergebnissen führt. Wenn Cage Plastik vorschreibt, auch hier gibt es verschiedene Arten. Ich verwende gerne Telefonwertkarten, die es heute fast nicht mehr gibt, aber ich finde, das klingt sehr schön. Auch bei den Schrauben: Sind es dicke oder dünne, lange oder kurze? Es geht auch um das Material, wie Aluminium, Stahl, etc. Es klingt jedes Mal anders, man muss das sehr vieles ausprobieren. Diese Präparierung ist schon ein guter Teil der Interpretation. Sie hat extrem viel zu tun mit der Verwandlung des Instruments. Es klingt auch bei jedem Pianisten anders. Wie es im Original geklungen hat weiß ich nicht. Es gibt eine Aufnahme von David Tudor, die sich wohl sehr dem Original annähert, andererseits kann man hier keine historische Aufführungspraxis dieser Stücke vornehmen. Dazu ist Cages Konzept des Offenlassens und Freilassens zu stark, als dass man sich hier mit einer extremen Pedanterie ans Werk machen sollte. Man muss aber sehr sorgsam sein.

Walter Dobner: Wie steht es mit dem Aufschlüsseln des Notentextes?

Markus Hinterhäuser: In diesem Fall ist das ganz einfach. Die Sonaten orientieren sich fast durchwegs an vorklassischen Sonaten, also an Scarlatti-Sonaten, es ist ganz normal, konventionell notiert, es gibt auch kein aleatorisches Moment wie später bei Cage. Das übt man natürlich auf einem normalen Klavier. Wenn man diese Stücke aber nur so, also unpräpariert, spielt, sind sie gar nicht besonders interessant.

Walter Dobner: Was lässt sich über den technischen Anspruch der Stücke sagen, wie kann man die vier Interludien von den vier mal vier Sonaten abgrenzen?

Markus Hinterhäuser: Es gibt schwerere, aber auch leichtere Stücke, es ist ein groß angelegter Zyklus, der alles beinhaltet. In letzter Konsequenz haben die ruhigeren Teile das größere Gewicht. Die Interludien folgen einem sehr viel rhapsodischeren Duktus als die Sonaten. Die Interludien sind keine Ruhepunkte, sondern treiben jeweils neue Entwicklungen an, Cage setzt sie hier bewusst als Markierungen ein. Es ist insgesamt eine sehr gefasste Form, als Hörer muss man sie aber nicht erkennen, man bekommt auch intuitiv sehr viel mit. Kunst ohne Form ist keine Kunst, Kunst braucht einen Rahmen, der ist in diesem 70 Minuten dauernden Zyklus außerordentlich stark. Diese Struktur führt übrigens den Interpreten auch in jene Ökonomie, die er benötigt, um diese Werke entsprechend aufzuführen. Die Interludien sind jedenfalls Weichen, die einen erkennen lassen, wohin die Reise geht. Mit anderen Worten: Der Zyklus folgt einer inneren Dramaturgie. Cage schreibt das auch, diese Stücke sind absichtsvoll expressiv. Solches muss auch gefasst sein, sonst funktioniert das nicht. Es tut dem Interpreten gut zu wissen, dass man bei einem bestimmten Punkt angelangt ist und dass es sich bis zum nächsten Interludium anders entwickelt. Es ist beileibe keine Programmmusik aber es sind sehr konkrete Dinge, die Cage in Tönen formuliert. Das hat auch mit den Grundcharakteren der indischen Philosophie zu tun, wie Freude, Trauer, Zorn, Liebe, etc. Meine Zuneigung mit zu diesem Stück hat aber nichts mit einer übermäßigen Lektüre indischer Philosophie zu tun, auch nichts mit einer besonderen Vorliebe für „exotische" Musik, obwohl dieses Instrumentarium, das man durch die Präparierung erlangt, sehr viel gemein hat mit Gamelan Musik, balinesischer Tempelmusik. Dieser Exotismus ist aber nicht Selbstzweck.

Walter Dobner: Pierre Boulez meint, diese Sonaten verbinden in ihrer Form und rhythmischen Struktur zwei Welten. Teilen Sie diese Sicht?
Markus Hinterhäuser: Das ist nicht von der Hand zu weisen, man hört das auch: alle möglichen Farben von kleinen Glocken, von Trommeln, Bongos. Manchmal scheinen auch ganz normale Klaviertöne auf in diesem ganzen Gewebe von anderen Klängen, dann erscheint, nicht ohne Ironie, dieses Instrument des Bürgertums plötzlich wieder in seinem originalen Klanggewand.

Walter Dobner: Wie soll sich der unbefangene Hörer, dem Cage vielleicht kaum mehr als dem Namen nach bekannt ist, diesen Werken nähern?

Markus Hinterhäuser: Unbefangen, neugierig, offen. Wenn man die ersten Minuten „überstanden" hat, diese Klangirritationen, dann führt einen dieser Zyklus ganz von selbst hinein, man wird die Ohren öffnen und tatsächlich ganz unerhörte Dinge hören. Jedes Mal wenn ich diesen Zyklus spiele – zuletzt war es in der Kölner Philharmonie vor 1600 Menschen – ist die Bühne voll von Besuchern, die, sobald es vorbei ist, in das Instrument interessiert hineinschauen. Diese Sonatas and Interludes sind ein wirklich großer, bedeutender Zyklus, eine wichtige Art mit dem Klavierumzugehen vor einem philosophischen Hintergrund. Eine herrliche Erfindung. Es öffnet die Sinne, es öffnet die Ohren.

REFERENTINNEN & REFERENTEN

Eduard Angeli
1942 in Wien geboren. Studium an der Akademie der bildenden Künste Wien. Von 1966 bis 1971 Professor für Malerei an der Staatsakademie Istanbul. 1982 Preis der Stadt Wien, 2003 Goldenes Ehrenzeichen des Landes Wien. Sein Schaffen stellt eine unverwechselbare Farbe innerhalb des Kaleidoskops der bildenden Kunst Österreichs dar. Angelis Hauptinteresse gilt dem großformatigen Tafelbild.

Christoph Bartmann
Geboren 1955. Studierte Germanistik und Geschichte in Düsseldorf und Wien, promovierte in Germanistik. Seit 1988 in verschiedenen leitenden Positionen für das Goethe-Institut in Santiago de Chile, Prag, Kopenhagen und München tätig. Leiter des Goethe-Instituts New York. Literaturkritiker für die „Süddeutsche Zeitung". Buchautor. 2012 erschien „Leben im Büro. Die schöne neue Welt der Angestellten."

Airan Berg
Geboren 1961 in Tel Aviv. BA der Brown University. Arbeitete früh mit Harold Prince (Broadway), Claus Peymann und Peter Zadek (Burgtheater). Inszenierungen am Burgtheater und Berliner Schillertheater. 1993 bis 2001 Gründung und Leitung Theater ohne Grenzen und Die Macht des Staunens mit Martina Winkel. 2001 bis 2007 Künstlerischer Geschäftsführer des Wiener Schauspielhauses. Künstlerischer Leiter für darstellende Kunst bei Linz09, Kulturhauptstadt Europas. Zahlreiche partizipatorische Projekte. Seit 2012 geschäftsführender Projektmanager von Mannheim2020.

Milli Bitterli
Geboren 1969. Ausbildung zur klassischen Tänzerin an der Ballettschule der Wiener Staatsoper und am Konservatorium der Stadt Wien. Studium der Betriebswirtschaftslehre in Wien und Zürich. Engagements in zahlreichen internationalen zeitgenössischen Compagnien. Zusammenarbeit mit Choreographen wie Meg Stuart, Javier de Frutos, Nigel Charnock, Llyod Newson. 2000 Gründung der eigenen Compagnie „artificial horizon". 2001 bis 2004 Kuratorin für Training und Workshop am Tanzquartier Wien. Tanzpädagogin im internationalen Kunstkontext.

Arno Böhler
Geboren 1963 in Dornbirn. Dr. phil., Dozent am philosophischen Institut der

Universität Wien, Autor, Filmemacher und Performer. Forschungs- und Studienaufenthalte an der Princeton University New York, der Universität Heidelberg und der Universität Bangalore. Gründete 1996 mit Susanne Granzer die „wiener kulturwerkstätte GRENZ film“ und das Philosophie- und Performancefestival „Philosophy on Stage“.

Walter Dobner
geboren 1952 in Krems, Dr. iur., Prof., Musikkritiker der Presse und Furche. Programmautor (Wiener Philharmoniker, Wiener Staatsoper, Salzburger Festspiele) Buchveröffentlichungen über Joseph Haydn, die Wiener Philharmoniker, Fabio Luisi und Riccardo Muti. Zahlreiche Booklettexte.

Judith Fegerl
Geboren 1977 in Wien. Studium an der Universität für angewandte Kunst Wien. Seit 2005 zahlreiche Solo- und Gruppenausstellungen in Wien, Paris, London, Sibius, Berlin, Belgrad, New York, Moskau, München und Frankfurt. Zahlreiche Auszeichnungen wie 2010 den Alexander Reznikov Award for Fine Arts.

Harald Gründl
Geboren 1967 in Wien. Industrial Design Studium an der Universität für angewandte Kunst, Wien. 1995 Gründung des Studios EOOS, Zusammenarbeit mit u. a. Alessi, Bulthaupt, Walter Koll, Zumtobel. Mehr als 60 internationale Designpreise. 2008 Gründung des Institute of Design Research Vienna (IDRV). Seit 2011/12 Gastprofessor für Design an der Hochschule für bildende Kunst Hamburg. Unterrichtstätigkeit an der Technischen Universität Wien.

Peter Haimerl
Geboren 1961 in Eben, Bayern. Diplomstudium an der FH München. Mitarbeiter in verschiedenen Architekturbüros in Graz, Wien, München. Lehraufträge für Baukonstruktion und Entwerfen an der Hochschule München.

Michael Hengl
Geboren 1962. Nach einer Karriere als Leistungssportler Unternehmer und Manager der familieneigenen Betriebe. Studierte Philosophie und Psychologie in den Vereinigten Staaten. Gründete in Köln die Unternehmensberatung 1492.//The Collective Intelligence GmbH. Coach von Führungskräften. Mitbegründer des Universität Witten Institute of Management. Koordiniert ein interdisziplinäres Forschungsnetzwerk im Austausch mit dem MIT Centre of Collective Intelligence.

Paulus Hochgatterer
Geboren 1961 in Amstetten. Studium der Medizin in Wien. Kinder- und Jugendpsychiater. Leitete das Institut für Erziehungshilfe in Wien-Floridsdorf. Seit 2007 Primar an der Abteilung für Kinder- und Jugendpsychiatrie im Landesklinikum Tulln. Verfasser zahlreicher preisgekrönter erzählerischer Werke.

Hans Hoffer
Szenograph, Regisseur, Architekt. Arbeiten in ganz Europa. Gestalter von Großausstellungen. Entwirft Bühnenbilder, Installationen und Objekte. Autor interdisziplinärer Projekte. Professor an der Universität für Musik und darstellende Kunst in Wien, Leiter des Reinhardt Seminars.

John Hunter
Geboren in Virginia, Musiker, Lehrer, Filmemacher und Spieleerfinder. Als Student widmete er sich den vergleichenden Religionswissenschaften und der Philosophie im Zuge seiner Reisen durch Japan, China und Indien. In Indien begann er, inspiriert durch Ghandis Philosophie, sich über die Rolle des Lehrers an der Schaffung einer friedlicheren Welt Gedanken zu machen. 1978 wurde das World Peace Game, eine praktisch erfahrbare politische Simulation, zum ersten Mal an der Richmond Community High School unter seiner Aufsicht gespielt. Mittlerweile wird überall auf der Welt auf einem Brett mit vier Ebenen gespielt, wie der Film „World Peace and Other 4th-Grade Achievements" beschreibt. John Hunter wurde von Time Magazine zu einem der "12 Education Activists for 2012" gekürt.

Daniel Kerber
Geboren 1970 in Frankfurt am Main. Ausbildung an der Ecole Supérieure d'Art(s) de Cergy-Paris und der Kunstakademie Düsseldorf. Beteiligter zahlreicher Ausstellungen u.a. Bonner Kunstverein, Kunsthalle Bremen, Kunst-Werke Berlin, Architekturzentrum Wien. Seit 2009 Initiator von Morethanshelters.org, innovative Architektur für humane Zwecke. Seit 2011 Entwicklung einer mobilen Notunterkunft und Professionalisierung als Social Business.

Michael Kerbler
Nach Mitarbeit in den Wirtschaftsressorts von „Neue Kronen Zeitung" und „Die Presse" ab 1976 Wirtschaftsredakteur im ORF-Hörfunk. Danach Auslandskorrespondent, stellv. Leiter Außenpolitik/Hörfunk. Ab 1994 Hörfunk-Chefredakteur. Ab 1998 stellv. Intendant und Chefredakteur von Radio Österreich International, dem ORF-Auslandsradio. Seit 2003 Leiter u.a. der Ö1-Sendereihe „Im Gespräch".

Sebastian Matthias Nerz

Geboren in Reutlingen. Studium der Bioinformatik. Von 2001 bis 2004 aktives Mitglied der CDU. 2009 Eintritt in die Piratenpartei. Koordinator der Arbeitsgemeinschaft Landespolitik im Landesverband Baden-Württemberg. 2011 bis 2012 Bundesvorsitzender der Piratenpartei, seitdem stellvertretender Bundesvorsitzender.

Katharina Norden

Juristin, Politik- und Wirtschaftswissenschaftlerin. Gründete während des Studiums die Stipendienplattform IG Wien. Master in International Relations in Washington, D.C. und Wien. Tätigkeiten im ORF und an der Universität Wien. Unterstützung des Aufbaus der österreichischen Niederlassung von Ashoka. Entwickelte und leitet seit 2011 das Projekt Three Coins (www.threecoins.org) für Financial Literacy Bildung in Zentral- und Osteuropa.

Claudia Plöchinger

Geboren 1977, lebt in Hamburg. Kuratorin, Projektleiterin, Trainerin, Beraterin in verschiedenen Bereichen und zu unterschiedlichen Themen, wie Gemeingüter, Kooperation und Zusammenarbeit, Verhältnis Zeit, Raum, Struktur, Haltung und Verhalten. Leiterin von Workshops. Vortragstätigkeit.

Peter Daniell Porsche

Geboren 1973 in Stuttgart. Urenkel von Ferdinand Porsche. Seit Kindesalter naher Bezug zu Natur, Pflanzen, Tieren aber auch Wirtschaft und Geld. Studierte am Waldorflehrerseminar in Dornach, Schweiz und an der Musiktherapeutischen Arbeitsstätte Hawelhöhe Berlin Musiktherapie. Obmann und Musiktherapeut an der Paracelsus Schule Salzburg.

Hannah Rieger

Studierte Ökonomie an der Universität Wien, Post Graduate Studium am Institut für Höhere Studien Wien. Beraterin für berufliche Entwicklung (Supervisorin/Coach und Gruppendynamik-Trainerin ÖAGG). Zwischen 1983 und 2010 in der Investkredit/Volksbank Gruppe, zuletzt Leiterin Corporate Communications. Fachbuchautorin. Universitätsrätin an der Angewandten Wien. Sammlerin von Art Brut.

Claudia Röschl

Unternehmens- und Kommunikationsberaterin in Wien. Beruflicher Background: 10 Jahre in einer österreichischen Bank, 10 Jahre Managing Partner einer Kommunikationsagentur, seit 2004 Beraterin, Trainerin und Coach für Menschen in Entwicklungsprozessen. Als Kapitalmarkt-Spezialistin beratend für Unternehmenspositionierung tätig.

Christian Scheib

Geboren 1961. Studium der Musik und Musikwissenschaft in Wien und Berlin. Musikredakteur und Producer für zeitgenössische Musik in Radio Österreich 1, Leitung der Ö1 Musikredaktion. Seit 2009 Leitung des RSO Wien. Programmdirektor des Festivals „musikprotokoll" im steirischen herbst. 1993 bis 1996 Musikkurator des Bundesministers für Kunst. Fachautor. Lehraufträge an der Wiener Musikuniversität.

Tomáš Sedláček

Geboren 1977. Tschechischer Ökonom. Autor des Bestsellers „Die Ökonomie von Gut und Böse". Nach seiner Promotion an der Prager Karls-Universität ökonomischer Berater von Präsident Václav Havel, ab 2004 Berater des tschechischen Finanzministers. Von der Zeitschrift „Yale Economic Revue" 2006 als einer der „5 Hot Minds in Economics" ausgezeichnet. Chef Makro Ökonom einer der größten tschechischen Banken, der Tschechischen Handelsbank AG. Mitglied des Nationalen Wirtschaftsrats. Lehrt Wirtschaftsgeschichte und -philosophie an der Prager Universität.

Clemens Sedmak

Geboren 1971. Philosoph und Theologe. Inhaber des F.D. Maurice Chair am King's College London. Gastprofessor für Sozialethik an der Universität Salzburg. Dort Leiter des Zentrums für Ethik und Armutsforschung am Fachbereich Philosophie. Präsident der Salzburg Ethik Initiative und des Internationalen Forschungszentrums für soziale und ethische Fragen.

Friedrich von Borries

Geboren 1974. Architekt. Lehrt Designtheorie und kuratorische Praxis an der Hochschule für bildende Künste Hamburg. Studium in Brüssel und Karlsruhe, wo er 2004 promovierte. 2008 Generalkommissar für den deutschen Beitrag der Architekturbiennale in Venedig. Leiter des Projektbüros Friedrich von Borries.

Martina Winkel

Geboren in Ybbs an der Donau. Neben dem Studium der Theaterwissenschaft und Kunstgeschichte an der Universität Wien private Schauspielausbildung. Nach einem Studienaufenthalt in Indonesien (traditionelles Schattenspiel) vor allem Visual Theatre mit Elementen des Figuren- und Projektions-theaters (Theater ohne Grenzen, Die Macht des Staunens mit Airan Berg). Soziokulturelle Projekte und Workshops ergänzen die Arbeit als Dramaturgin, Regisseurin, Szenografin bei Produktionen u.a. in Singapur, Melbourne, London, Berlin.

Herausgegeben von der Kulturinitiative GLOBArt

Präsident: Ing. Mag. Hartmut Müller
Redaktion: Prof. Heidemarie Dobner, Mag. Pippa Belcredi, MMag. Sigrid Polster

Künstler der Academy:
Eduard Angeli, Airan Berg, Milli Bitterli, Andrea Eckert, Annelie Gahl, Markus Hinterhäuser, Hans Hoffer, Judith Fegerl, Klaus Lang, Hans-Peter Linshalm, Andreas Mayerhofer, Hannes Raffaseder, Paul Renner, Christian Scheib, Ferdinand Schmatz, Petra Strump, Elke Tschaikner, Wiener Kindertheater

Der Herausgeber dankt den Sponsoren:
Niederösterreichische Landesregierung, Abteilung Kultur und Wissenschaft, Bundesministerium für Unterricht, Kunst und Kultur, Bundesministerium für Verkehr, Innovation und Technologie, ecoplus, Raiffeisenbankengruppe NÖ- Wien, ORF Ö1

Printed in Austria
Springer Wien New York is a part of
Springer Science + Business Media
springer.at

Satz: Christine Schmidl
Druck: Strauss GmbH, D-69509 Mörlenbach
Gedruckt auf säurefreiem, chlorfrei gebleichtem Papier – TCF
SPIN 86165041

Bibliographische Information der Deutschen Nationalbibliothek:
Die Deutsche Nationalbibliothek verzeichnet diese Publikation in der Deutschen Nationalbiografie, detaillierte bibliografische Daten sind im Internet über http://dnb.d-nb.de abrufbar.

Mit 4 Abbildungen
Bildnachweise: Seite 133 Sinan Ilmen, © Eduard Angeli
Seite 118(2x),119: © Rieger/Röschl, Art Brut Umfrage 2012

ISSN 1611-7468
ISBN 978-3-7091-1441-4

Bei Fragen zur Produktsicherheit wenden Sie sich bitte an:
If you have any questions regarding product safety,
please contact:

Birkhäuser Verlag GmbH
Im Westfeld 8
4055 Basel, Schweiz
productsafety@degruyterbrill.com